Dimitrios Parashu

Der rumänische Verfassungsgerichtshof in Theorie und Praxis

Nomos

Onlineversion
Nomos eLibrary

Die Deutsche Nationalbibliothek verzeichnet diese Publikation in
der Deutschen Nationalbibliografie; detaillierte bibliografische
Daten sind im Internet über http://dnb.d-nb.de abrufbar.

ISBN 978-3-8487-8342-7 (Print)
ISBN 978-3-7489-2728-0 (ePDF)

1. Auflage 2021
© Nomos Verlagsgesellschaft, Baden-Baden 2021. Gesamtverantwortung für Druck
und Herstellung bei der Nomos Verlagsgesellschaft mbH & Co. KG. Alle Rechte, auch
die des Nachdrucks von Auszügen, der fotomechanischen Wiedergabe und der Über-
setzung, vorbehalten. Gedruckt auf alterungsbeständigem Papier.

ANSTELLE EINES VORWORTES

Die aktuelle rumänische Verfassung feiert 2021 ihren 30. Geburtstag, da sie 1991 verabschiedet wurde (2003 freilich eine signifikante Revision erfuhr); nach der Revolution des Jahres 1989 vermochte sie, dem Land neue Stabilität zu verleihen. Ein wesentliches Element der kontemporären konstitutionellen Vorgaben betrifft den rumänischen Verfassungsgerichtshof, welcher 1992 seine Arbeit aufnahm und es in seinen ebenfalls knapp drei Lebensdekaden schaffte, ein wesentliches - eben im *status quo ante* unbekanntes - Verfassungsorgan Rumäniens zu werden.

Die vorliegende Arbeit ist in zwei Teile gegliedert. Sie bietet in ihrem Abschnitt A zunächst entsprechende historische Elemente zur Entwicklung der rumänischen Verfassungsgerichtsbarkeit bis dato; ferner werden dort die verfassungsrechtlichen und einfachgesetzlichen Grundlagen insbes. hinsichtlich Kreation und Zuständigkeiten der Kammer präsentiert.

In Abschnitt B werden 50 Entscheidungen der Kammer vorgestellt und analysiert, welche die thematische Bandbreite der verfassungsgerichtlichen Kompetenzen in Rumänien dokumentieren sollen.

Übersetzungen aus der rumänischen Sprache sind von mir selbst vorgenommen worden.

Besonderer Dank gebührt dem Nomos-Verlag, hier namentlich in Person von Herrn Professor Dr. Johannes Rux und Herrn Dr. Matthias Knopik gewürdigt, für die stets hervorragende Betreuung meiner Schriften.

Die Arbeit ist Herrn Professor Dr. Dan Oancea (Bukarest) herzlich gewidmet.

Ολοκληρώθη Χάριτι Παναγίας Εικοσιφοινίσσης, 21-5-2021

Dimitrios Parashu

Inhaltsverzeichnis

Abkürzungsverzeichnis

Abs.	Absatz
Abss.	Absätze
Art.	Artikel
Artt.	Artikel (Plural)
Aufl.	Auflage
AUR	Alianţa pentru Unirea Românilor (Bündnis zur Einheit der Rumänen)
Bd.	Band
CCR	Curtea Constituţională a României (rumänischer Verfassungsgerichtshof)
EG	Europäische Gemeinschaften
EGMR	Europäischer Gerichtshof für Menschenrechte
EGV	Vertrag zur Gründung der Europäischen Gemeinschaft
EMRK	Europäische Menschenrechtskonvention
EU	Europäische Union
EuGH	Gerichtshof der Europäischen Union
f.	Folgend
ff.	Fortfolgend
Fn.	Fußnote
Ges.	Gesetz
Hg.	Herausgeber
Ibid.	Ibidem
i.d.F.	in der Fassung
insbes.	Insbesondere
i.V.m.	in Verbindung mit
lit.	Littera (Buchstabe)
m.w.N.	mit weiteren Nachweisen
Nr.	Nummer
OER	Osteuroparecht (Zeitschrift)
PMP	Partidul Mişcarea Populară (Partei der Bewegung des Volkes)
PNL	Partidul Naţional Liberal (Nationalliberale Partei)

Rdnr.	Randnummer
Rdnrr.	Randnummern
R.S.R.	Republica Socialistă România (Sozialistische Republik Rumänien)
RV	Rumänische Verfassung
S.	Seite
S.A.	Societate pe actiuni (rumänische Aktiengesellschaft)
S.R.L.	Societate cu răspundere limitată (rumänische Gesellschaft mit beschränkter Haftung)
UDMR	Uniunea Democrata Maghiara din România (Demokratische Union der Ungarn in Rumänien)
USR	Uniunea Salvati România (Union Rettet Rumänien)
u.U.	unter Umständen
VerfBlog	Verfassungsblog
Vgl.	Vergleiche
ZaöRV	Zeitschrift für ausländisches öffentliches Recht und Völkerrecht

A. Der rumänische Verfassungsgerichtshof in der Theorie

I. Kurzer Überblick zur historischen Entwicklung der rumänischen Verfassungsgerichtsbarkeit[1]

Eine Kontrolle der Verfassungsmäßigkeit von Normen, die wohl wichtigste verfassungsgerichtliche Kompetenz im Allgemeinen, fand im Rahmen der rumänischen Rechtsordnung erstmals im Jahre 1912 statt: Der Oberste Gerichtshof des Landes bestätigte durch ein Judikat[2] nach Vorlage des Gerichtes von Ilfov in einem Prozess mit Bezug zur die Straßenbahn betreibenden staatlichen Gesellschaft die Zuständigkeit aller Gerichte zur inzidenten Untersuchung der Übereinstimmung der Gesetze mit der Verfassung.

Diese recht bedeutsame Errungenschaft sollte sich jedoch einstweilen noch nicht in einem rumänischen konstitutionellen Text widerspiegeln; an sich sah die damals geltende, erste Verfassung (im folgenden -jeweils-:

---

1 Vgl. im Folgenden *Negulescu, Paul,* Curs de Drept Constituţional Român, Bukarest 1927, speziell S. 485 ff.; *Alexianu, Gheorghe,* Studii de drept public, Bukarest 1930, S. 64 ff.; *Lepădătescu, Mircea,* Teoria generală a controlului constituţionalităţii legilor, Bukarest 1974, S. 290 f.; *Deleanu, Ion,* Justiţia constituţională, Bukarest 1995, S. 1 ff.; *Criste, Mircea,* Controlul constituţionalităţii legilor în România – aspecte istorice şi instituţionale, Bukarest 2002 (prinzipiell *passim*); *Popa, Nicolae,* La Cour constitutionnelle de la Roumanie : présentation générale in: Revue de Justice constitutionelle Est-Europeenne 2/2002, S. 199-207; *Gionca, Vasile / Tontsch, Günther H.,* Die Verfassungsgerichtsbarkeit in Rumänien, in: Otto Luchterhand / Christian Starck / Albrecht Weber (Hg.), Verfassungsgerichtsbarkeit in Mittel- und Osteuropa. Bd. 1, Berichte, Baden-Baden 2007, S. 105-127; *Kerek, Angela,* Verfassungsgerichtsbarkeit in Ungarn und Rumänien. Ein Vergleich der Verfassungsgerichtsbarkeiten zweier osteuropäischer Transformationsstaaten auf ihrem Weg zum konsolidierten Rechtsstaat (Schriftenreihe zum Osteuropäischen Recht - herausgegeben von Alexander Blankenagel, Martin Fincke und Angelika Nußberger -, Bd. 14), Berlin 2010, S. 37 ff./40 ff.; *Tănăsescu, Elena Simina,* 100 ans d'exception d'inconstitutionnalité en Roumanie, in: Revue Est Europa, numéro spécial 1/2013, S. 15-16; *Muraru, Ioan / Muraru, Andrei,* Un siècle de contrôle constitutionnel en Roumanie, in: Revue Est Europa, numéro spécial 1/2013, S. 39-55; *Popescu, Corneliu-Liviu,* Le contrôle judiciaire prétorien de la constitutionnalité des lois en Roumanie dans la période post-communiste et pré-constitutionnelle, in: Revue Est Europa, numéro spécial 1/2013, S. 87-103; "Scurt istoric", eingesehen unter https://www.ccr.ro/prezentare-generala/scurt-istoric/ (letzter Abruf am 21. Mai 2021).

2 Vgl. Curtea de Casaţie, Entscheidung vom 16. März 1912, Pandectele Române (Sec. 1), Tabla de materii, 1923, I, S. 65 ff.

RV) des modernen rumänischen Staates von 1866[3] ausdrücklich nichts Dahingehendes vor; erst in der RV von 1923[4] wurde verankert (Art. 103), dass nur der Oberste Gerichtshof das Recht hatte, eine etwa Verfassungswidrigkeit von Gesetzen zu beurteilen und sie in einem solchen Fall für nicht anwendbar zu erklären. Die Nachfolgeverfassung von 1938[5], welche *Carol II.* in der letzten Phase seiner Amtszeit gewährt hatte, und die bereits in die Vorboten einer innen- wie außenpolitisch höchst schwierigen Situation fiel,[6] wiederholte die entsprechend monopolisierte Kompetenz des Obersten Gerichtshofes (Art. 75). Diese Verfassungstexte verankerten somit eine konzentrierte Überprüfung der RV durch den Obersten Gerichtshof.

Nach dem Ende der Monarchie zum Jahresausklang 1947 und dem kommunistischen Umsturz schufen die "Verfassungen" des kommunistischen Regimes lediglich einen Anschein in Bezug auf die Kontrolle der Verfassungsmäßigkeit von Gesetzen. In der RV von 1948[7] findet sich keinerlei einschlägige Bezugnahme hinsichtlich des Rechtsnachfolgers des Obersten Gerichtshofes; in der RV von 1952[8] könnte *expressis verbis* Art. 72 als eine Basis solcher (jedoch tatsächlich nicht durch diesen Gerichtshof durchgeführten) Verfassungskontrolle dienen, da ihm entsprechend diese Kammer die Aufsicht über die gerichtliche Tätigkeit aller Gerichte in der Rumänischen Volksrepublik auszuüben habe. Die RV von 1965[9] sah gar in ihrem Art. 43 Nr. 15 vor, dass der Gesetzgeber solches durchführen solle, wodurch freilich eine tatsächliche Normenkontrolle effektiv konterminiert wurde.

Die Revolution im Dezember 1989 markierte jedoch naturgemäß den Übergang zu einem demokratischen politischen Regime, und die daraus

---

3 Amtsblatt von Rumänien (Monitorul-Jurnal Oficial al României) Nr. 142 vom 1./13. Juni 1866.
4 Amtsblatt von Rumänien (Monitorul Oficial) Nr. 282 vom 29. März 1923.
5 Amtsblatt von Rumänien (Monitorul Oficial), Teil I, Nr. 42 vom 20. Februar 1938.
6 Vgl. etwa *Miquel, Pierre*, Europas letzte Könige. Die Monarchien im 20.Jahrhundert (übersetzt ins Deutsche von *Kurz, Gerda* und *Summerer, Siglinde*), Stuttgart 1994 / Düsseldorf 2005, insbes. S. 298 ff.
7 Amtsblatt von Rumänien (Monitorul Oficial), Teil I, Nr. 87bis vom 13. April 1948.
8 Offizielles Bulletin der Großen Nationalversammlung der Rumänischen Volksrepublik (Buletinul Oficial al Marii Adunari Nationale a Republicii Populare Romane), Nr. 1 vom 27. September 1952.
9 Offizielles Bulletin der Sozialistischen Republik Rumänien (Buletinul Oficial al Republicii Socialiste Romania/ R.S.R.) Nr. 1 vom 21. August 1965.

hervorgegangene RV von 1991[10] sah in ihrem Art. 152 vor, dass binnen sechs Monaten nach Inkrafttreten ein Verfassungsgerichtshof (Curtea Constituțională a României/CCR) mit konzentrierter Normenkontrollkompetenz eingerichtet werde. Dies geschah *in praxi* im Juni 1992, und die ersten Entscheidungen des Verfassungsgerichtshofes wurden am 30. Juni 1992 erlassen. In der ersten Lebensdekade war die Frequenz der Anrufung der Kammer zwar bereits sehr respektabel, allerdings noch vergleichsweise (insbes. zum aktuellen Status mit durchschnittlich mehreren Tausend Eingaben *per annum*)[11] moderat;[12] Speziell im ersten Lebensjahr der Kammer waren in der Hauptsache Einsprüche gegen die kurz vorher erfolgte Präsidentschaftswahl, aber auch schon erste Normenkontrollanträge eingegangen;[13] auch die Auseinandersetzung mit vorkonstitutionellem Recht spielte bei der frühen Judikatur des Hauses noch eine Rolle.[14] Nach der Revision der RV im Jahre 2003[15] verankern aktuell insbes. die Artt. 142 ff. RV die Rolle der Kammer als Garant für die Vorherrschaft der Verfassung. Im Folgenden werden uns die normativen Basisbestimmungen zum Verfassungsgerichtshof auf verfassungsrechtlicher und einfachgesetzlicher Ebene beschäftigen.

---

10 Amtsblatt von Rumänien (Monitorul Oficial), Teil I, Nr. 233 vom 21. November 1991.
11 Vgl. "Statistici periodice", eingesehen unter https://www.ccr.ro/statistici-perio dice/ (letzter Abruf am 21. Mai 2021).
12 Vgl. exemplarisch etwa *Cristea, Simona*, Chronique de jurisprudence de la Cour constitutionnelle de Roumanie - 2001, in: Revue de Justice constitutionnelle Est-Europeenne 2/2002, S. 63-70; *dieselbe*, Chronique de jurisprudence de la Cour constitutionnelle de Roumanie - 2002, in: Revue de Justice constitutionnelle Est-Europeenne 2/2003, S. 77-84.
13 Vgl. *Brunner, Georg*, Die neue Verfassungsgerichtsbarkeit in Osteuropa, in: ZaöRV 1993, S. 819-870 (833).
14 Vgl. *Constantinescu, Mihai*, Competența Curții Constituționale cu privire la legile anterioare intrării în vigoare a Constituției României, in: Dreptul 9/1993, S. 3-6.
15 Vermöge des konstitutionellen Revisionsgesetzes Nr. 429/2003, Amtsblatt von Rumänien (Monitorul Oficial), Teil I, Nr. 758 vom 29. Oktober 2003.

II. Rechtliche Grundlagen

1. Konstitutionelle Vorgaben

a) Allgemeines; interne Struktur

Titel V der aktuellen RV, die 1991 verabschiedet und 2003 revidiert worden ist, ist dem Verfassungsgerichtshof in Gänze gewidmet. Die notwendigen Strukturvorgaben (nunmehr Art. 142 RV) emphatisieren die Rolle der Kammer als Garant der Vorrangigkeit der Verfassung.[16] Dies, wie auch die *expressis verbis* Unabhängigkeit der Verfassungsrichter bei der Ausübung ihrer Aufgaben[17] und die allgemeine Notwendigkeit der Publikation der verfassungsgerichtlichen Entscheidungen im Amtsblatt von Rumänien (Monitorul Oficial al Romăniei),[18] was zusätzlich durch die ausdrückliche allgemeine Verbindlichkeit der Judikate *ex nunc* flankiert ist,[19] ist die Basis für die Signifikanz dieses Gerichtshofes innerhalb der rumänischen Rechtsordnung.

Hinsichtlich der Komposition besteht der Verfassungsgerichtshof aus neun Verfassungsrichtern, welche für eine einmalige Amtzeit von neun Jahren gewählt worden sind;[20] jeweils drei dieser Richter werden von Abgeordnetenhaus und Senat sowie vom Staatsoberhaupt bestimmt.[21] Die betreffenden Kandidaten müssen eine höhere Rechtsausbildung genossen haben und eine hohe Berufskompetenz aufweisen können, wobei letzteres ausdrücklich durch eine mindestens 18jährige einschlägige Berufserfahrung oder Universitätätigkeit dokumentiert werden kann.[22] Die Zusammensetzung wird bzgl. eines Drittels der Verfassungsrichter alle drei Jahre erneuert.[23] All diese Elemente sprechen für einen starken französischen Einfluss[24] hinsichtlich der konstitutionellen Organisationsstruktur der Kammer. Der Präsident des Verfassungsgerichtshofes wird schließlich,

---

16 Vgl. Art. 142 Abs. 1 RV.
17 Vgl. Art. 145 RV.
18 Vgl. Art. 147 Abs. 4 RV.
19 Vgl. Art. 147 Abs. 5 RV.
20 Vgl. Art. 142 Abs. 2 RV.
21 Vgl. Art. 142 Abs. 3 RV.
22 Vgl. Art. 143 RV.
23 Vgl. Art. 142 Abs. 5 RV.
24 Vgl. hierzu u.a. *Tănase, Ioana*, Les reserves d'interpretation dans la jurisprudence française et roumaine, in: Revue de Justice constitutionelle Est-Europeenne 2/2002, S. 209-303.

in geheimer Wahl, aus der Reihe der Verfassungsrichter für eine Amtszeit von drei Jahren gewählt.[25]

Rumänische Verfassungsrichter dürfen neben dieser Tätigkeit keine andere öffentliche oder privatrechtliche Position ausüben - einzig die Ausnahme der universitären Lehre ist für sie vorgesehen.[26] Die Inkompatibilitätsvorgaben allgemein erweiternd, sollen diese Verfassungsrichter auch nicht Mitglieder politischer Parteien sein,[27] was freilich aus offensichtlichen Transparenzgründen und zur Umgehung jeder Möglichkeit einer Machtverquickung so normiert worden ist.

b) Kompetenzen

Die Zuständigkeiten der Kammer sind zentral durch Art. 146 RV geregelt; freilich steht es dem Gesetzgeber zu, durch das einschlägige organische Ausführungsgesetz diese Kompetenzen zu erweitern.[28]

Die Krone verfassungsgerichtlicher Tätigkeit ist im Allgemeinen die Normenkontrolle. In Rumänien ist dies nicht anders. Zum einen besteht die Möglichkeit einer abstrakten präventiven Normenkontrolle (vor Gesetzesausfertigung) auf Antrag des Staatsoberhauptes, des Präsidenten einer der beiden parlamentarischen Kammern, der Regierung *in toto*, des Obersten Gerichtshofes oder eines Quorums von mindestens 50 Abgeordneten oder 25 Senatoren;[29] von Amts wegen kann der Verfassungsgerichtshof diesbezüglich bei Vorschlägen zu einer Verfassungsrevision aktiv werden.[30] Eine solch abstrakte präventive Normenkontrolle ist freilich auch bei internationalen Verträgen vorgesehen, wobei der Kreis der Antragsteller auf den Präsidenten einer der beiden parlamentarischen Kammern oder ein Quorum von mindestens 50 Abgeordneten oder 25 Senatoren beschränkt ist.[31] Denselben Antragstellerkreis kennt auch die Möglichkeit der abstrakten (dies auch repressiv gemeint) Normenkontrollprüfung

---

25 Vgl. Art. 142 Abs. 4 RV.
26 Vgl. Art. 144 RV.
27 Vgl. Art. 40 Abs. 3 RV.
28 Vgl. Art. 146 lit. l RV.
29 Vgl. Art. 146 lit. a RV.
30 Vgl. ibid.
31 Vgl. Art. 146 lit. b RV.

hinsichtlich der parlamentarischen Geschäftsordnungen.[32] Letzteres kann auch einfache Beschlüsse der parlamentarischen Kammern betreffen.[33]

Zum anderen hat der Verfassungsgerichtshof auch die Möglichkeit einer konkreten Normenkontrolle auf Basis eines laufenden Gerichts- oder Verfahrens vor einem kommerziellen Schiedsgericht - der Antrag auf Prüfung kann freilich auch vom rumänischen Ombudsman (Avocatul Poporului; "Anwalt des Volkes") gestellt werden.[34]

Die Bedeutung verfassungsgerichtlicher Entscheidungen insbes. im Feld der Normenkontrolle untermauert Art. 147 RV: Für verfassungswidrig befundene Normen hören spätestens 45 Tage nach der Veröffentlichung einer entsprechenden Entscheidung des Verfassungsgerichtshofes auf, *de jure* zu existieren;[35] sie sind freilich schon vorher ausgesetzt, sofern der Gesetzgeber binnen der obigen Frist keine neue Regulierung verabschiedet.[36] Ausdrücklich besteht die Möglichkeit einer präventiven abstrakten Normenkontrolle:[37] der Verfassungsgerichtshof kann im Zuge dieser Prüfung bereits *a priori* die Verfassungsmäßig- oder -widrigkeit einer Bestimmung prüfen und erklären, wonach freilich das Staatsoberhaupt zur Ausfertigung eines entsprechenden Gesetzes obligiert ist.[38]

Das Instrument der skizzierten Normenkontrollkompetenz ist, dies kann man bereits vor der Analyse der einschlägigen Judikatur vorwegnehmen, *in praxi* aufgrund der Fülle solcherart konsolidierter Inhalte des Grundrechtskataloges der RV dazu geeignet, das Fehlen einer Grundrechtsbeschwerde als solcher im Kompetenzkatalog des Verfassungsgerichtshofes faktisch auszugleichen.[39]

---

32 Vgl. Art. 146 lit. c RV.
33 Siehe im Rahmen des hiesigen Werkes (Teil B) insbes. die Analyse der Fälle 12, 13, 15, 40, 44, 48 und 49.
34 Vgl. Art. 146 lit. d RV. Zum Topos der möglichen Antragsteller sehr plastisch *Popescu, Corneliu-Liviu,* Jurisdicţiile competente să sesizeze Curtea Constituţionala pentru soluţionarea excepţiilor de neconstituţionalitate, in: Dreptul 1/1995, S. 26-31; vgl. ferner *Neacşu, Adrian Toni,* Conţinutul încheierii instanţei judecătoreşi de sesizare a Curţii Constituţionale în vedera soluţionării excepţiei de neconstuţionalitate, in: Dreptul 7/2002, S. 119-130.
35 Vgl. Art. 147 Abs. 1 RV.
36 Vgl. ibid.
37 Vgl. Art. 147 Abs. 2 RV.
38 Vgl. Art. 77 Abs. 3 RV.
39 Vgl. etwa *Selejan-Gutan, Bianca,* L'exception d'inconstitutionnalité: instrument de protection des droits fondamentaux ou technique dilatoire du procès? In: Revue Est Europa, numéro spécial 1/2013, S. 77-86. Vgl. ferner *Tănăsescu, Elena Simina,* L'exception d'inconstitutionnalité en Roumanie - entre renvoi préjudiciel et exception de procédure, in: Revue Est Europa, numéro spécial 1/2013, S. 17-37.

Etwa internationale Verträge, welche der Verfassungsgerichtshof im Zuge solcher Präventivprüfung als für verfassungskonform befunden hat (was für eine Ratifizierung durch den Gesetzgeber notwendig ist)[40] können in der Folge nicht mehr bzgl. ihrer Konstitutionalität angegriffen werden.[41]

Ferner kann der Verfassungsgerichtshof bei konstitutionellen Streitigkeiten über die etwa Verfassungswidrigkeit politischer Parteien befinden;[42] auch steht es ihm zu, entsprechende Rechtskonflikte (konstitutioneller Art/Natur) zwischen öffentlichen Behörden (insbes. Verfassungsorganen) zu klären, sofern der einschlägige Antrag vom Staatsoberhaupt, dem Präsidenten einer der beiden parlamentarischen Kammern, dem Premierminister oder dem Präsidenten des Obersten Rates der Magistratur gestellt worden ist.[43]

Die Wahlprüfungsmöglichkeiten der Kammer sind freilich vergleichsweise überschaubar. Ausdrücklich steht es dem Verfassungsgerichtshof zu, die Durchführung einer Staatspräsidentenwahl verfassungsrechtlich zu prüfen[44] sowie die Ergebnisse dieser Wahl zu validieren.[45] Ebensolches gilt auch für Volksabstimmungen;[46] als sehr originell erscheint ferner die Möglichkeit dieses Gerichtshofes, die verfassungsrechtliche Durchführung einer legislativen Bürgerinitiative zu prüfen.[47]

Gerade auf das Amt des Staatspräsident bezogen, vermag die Kammer die konstitutionellen Umstände zur Ausübung *ad interim* zu prüfen und den Gesetzgeber entsprechend zu informieren;[48] auch steht es dem Verfassungsgerichtshof zu, eine nicht verbindliche, konsultative Meinung zu einem parlamentarischen Vorschlag der Amtsenthebung eines Staatsoberhauptes zu äußern:[49] Schon gem. Art. 95 Abs. 1 RV sollen sich die beiden parlamentarischen Kammern, vor ihrer gemeinsamen Entscheidung über eine Absetzung des Staatsoberhauptes (infolge einer Verfassungsverletzung) mit dem Verfassungsgerichtshof diesbezüglich beraten. Auf diese Art und Weise dokumentierte der Verfassungsgeber seinen ausdrücklichen Willen, die konstitutionelle Expertise der Verfassungsrichter in diesem

---

40 Vgl. Art. 147 Abs. 3 RV.
41 Vgl. Art. 146 lit. b i.V.m. Art. 147 Abs. 3 RV.
42 Vgl. Art. 146 lit. k RV.
43 Vgl. Art. 146 lit. e RV.
44 Vgl. Art. 146 lit. f RV.
45 Vgl. ibid. i.V.m. Art. 82 Abs. 1 RV.
46 Vgl. Art. 146 lit. i RV.
47 Vgl. Art. 146 lit. j RV.
48 Vgl. Art. 146 lit. g RV.
49 Vgl. Art. 146 lit. h RV.

Kontext unterstützend einzusetzen und den einschlägigen Vorgang nicht nur durch ein rein politisches Gremium (Parlament) durchführen zu lassen.

2. Einfachgesetzliche Vorgaben

Auf der einfachgesetzlichen Ebene wird die Tätigkeit des Verfassungsgerichtshofes insbes. durch das Gesetz Nr. 47/1992 über die Organisation und Arbeitsweise des Verfassungsgerichtshofes[50] (im Folgenden Ges. 47/92) geregelt. Im Rahmen dieses Gesetzes werden eine Reihe bereits allgemeiner konstitutioneller Vorgaben wiederholt (etwa die Tätigkeit des Verfassungsgerichtshofes als Garant für den Verfassungsvorrang[51] und die notwendige Unabhängigkeit dieses Gerichtshofes gegenüber allen anderen staatlichen Behörden[52]). Allerdings legt nur dieses Gesetz Bukarest als Sitz der Kammer fest.[53]

Die im Ges. 47/92 aufgeführten Kompetenzen des Verfassungsgerichtshofes entsprechen denjenigen, welche bereits in der RV vorgesehen sind.[54]

Auch Fragen der Kreation der Verfassungsrichter werden hier nochmals reguliert,[55] ergänzt auch um die notwendigen Klarifizierungen hinsichtlich der Art und Weise der Ernennungen der Verfassungsrichter: So ernennt jede Kammer des Parlaments insbes. auf Empfehlung des einschlägigen internen Rechtsausschusses die Person, welche nach einer Anhörung[56] die Mehrheit dessen anwesender Mitglieder erhalten hat, zum Verfassungsrichter.[57] Entsprechende Nominierungen können von Fraktionen, aber auch von einzelnen Abgeordneten und Senatoren dem jeweiligen internen Rechtsausschuss vorgelegt werden, wobei alle Kandidaten einen Lebens-

---

50 Legea privind organizarea și funcționarea Curții Constituționale; Amtsblatt von Rumänien (Monitorul Oficial), Teil I, Nr. 101 vom 22. Mai 1992 (in der Folge verschiedentlich geändert).
51 Vgl. Art. 1 Abs. 1 Ges. 47/92.
52 Vgl. Art. 1 Abs. 3 Ges. 47/92.
53 Vgl. Art. 4 Ges. 47/92.
54 Vgl. bereits Art. 2 Abs. 1 i.V.m. Art. 11 sowie den Artt. 15 ff. Ges. 47/92.
55 Vgl. Art. 5 Ges. 47/92.
56 Vgl. Art. 5 Abs. 5 Ges. 47/92.
57 Vgl. Art. 5 Abs. 4 Ges. 47/92.

lauf und dazugehörige Unterlagen vorlegen, aus denen hervorgeht, dass die in der Verfassung festgelegten Bedingungen[58] erfüllt sind.[59]

Jeweils drei Monate vor Ablauf der Amtszeit eines Verfassungsrichters benachrichtigt der Präsident des Verfassungsgerichtshofes den Präsidenten derjenigen Kammer des Parlaments, welche diese Person ernannte, entsprechend, damit diese Kammer (mindestens einen Monat vor Ablauf der Amtszeit des Vorgängers) einen Nachfolger ernennen kann.[60]

In Bezug auf den Präsidenten des Verfassungsgerichtshofes legt das Ausführungsgesetz fest, dass die betreffende Person, welche koordinierende und disziplinarrechtliche Aufgaben erfüllt,[61] innerhalb von 5 Tagen nach der jeweiligen Erneuerung des Gerichtshofes in geheimer Abstimmung für einen Zeitraum von 3 Jahren mit der Mehrheit der Stimmen der Verfassungsrichter gewählt wird.[62] Die Amtszeit des Präsidenten der Kammer kann verlängert werden.[63]

Eine Besonderheit der unter dem Vorsitz des dienstältesten Verfassungsrichters stehenden Wahl ist, dass jede Gruppe von Verfassungsrichtern (d.h. die drei, welche von der Abgeordnetenkammer kreiert wurde, die drei von Senatsseiten und die drei seitens des rumänischen Staatsoberhauptes) jeweils eine Kandidatur für das Präsidium des Verfassungsgerichtshofes vorschlagen können - erhält im ersten Wahlgang kein Kandidat die Mehrheit der Stimmen, so findet der zweite Wahlgang zwischen den ersten beiden statt.[64]

Entscheidungen des Verfassungsgerichtshofes werden durch das Plenum der Richter getroffen;[65] die Kammer ist bei Anwesenheit eines Quorums von zwei Dritteln der Richter entscheidungsfähig und entscheidet mit der Mehrheit der Richter des Gerichtshofes.[66]

Die Verfassungsrichter müssen freilich die bereits angeführte, konstitutionell vorgesehene Gewähr auf Unabhängigkeit wie auch damit verbundene Fragen der Inkompatibilitäten auch auf Basis des Gesetzes Nr. 303

---

58 Welche nochmals durch Art. 61 Ges. 47/92 wiederholt werden.
59 Vgl. Art. 5 Abs. 5 Ges. 47/92.
60 Vgl. Art. 68 Abs. 1 Ges. 47/92.
61 Vgl. Art. 9 Ges. 47/92.
62 Vgl. Art. 7 Abs. 1 Ges. 47/92.
63 Vgl. Art. 7 Abs. 2 Ges. 47/92.
64 Vgl. Art. 7 Abs. 3 Ges. 47/92.
65 Art. 6 i.V.m. Art. 50 Ges. 47/92.
66 Art. 51 Abs. 1 Ges. 47/92.

vom 28. Juni 2004 zum Status von Richtern und Staatsanwälten[67] befolgen.

Das Personal des Verfassungsgerichtshofes besteht aus dem Gremium der - den Verfassungsrichtern zur Hand gehenden - Magistratsassistenten und dem Personal des Generalsekretariats, welches von einem Generalsekretär geleitet wird.[68] Für das Personal gibt es freilich gem. der Vorgabe aus Art. 73 Ges. 47/92 ein Sondergesetz[69] und eine spezielle Verordnung[70].

Der Verfassungsgerichtshof verfügt naturgemäß über einen eigenen Haushalt, welcher Bestandteil des Staatshaushaltes ist, im Entwurf vom Plenum des Verfassungsgerichtshofes genehmigt und sodann der Regierung zur gesonderten Aufnahme in den Entwurf des Staatshaushaltes vorgelegt wird.[71] Insbes. Rentenfragen für Verfassungsrichter werden durch Art. 71 Ges. 47/92 behandelt.

III. Standing und Außenwirkung, Überleitung zur ausgewählten Judikatur

Nicht immer treffen Judikate des Verfassungsgerichtshofes auf die ungeteilte Zustimmung der Wissenschaft.[72] Gewiss ist auch die beschriebene, normativ vorgegebene Art und Weise der Kreation von Verfassungsrichtern stark von der Politik abhängig;[73] dies ist jedoch kein rein rumänisches Problem. Es ist vielmehr überall, wo ein Verfassungsgericht existiert, zumindest als einschlägige mögliche Pathologie virulent. Jedoch hat die Kammer in den beinahe 30 Jahren ihrer Existenz, diversen Angriffen

---

67 Legea privind statutul judecătorilor și procurorilor; Amtsblatt von Rumänien (Monitorul Oficial), Teil I, Nr. 576 vom 29. Juni 2004.

68 Vgl. Art. 72 Abs. 1 Ges. 47/92.

69 Gesetz Nr. 124 vom 13. Juli 2000 zur Personalstruktur des Verfassungsgerichtshofes (Legea privind structura personalului Curții Constituționale); Amtsblatt von Rumänien (Monitorul Oficial), Teil I, Nr. 331 vom 17. Juli 2000.

70 (Aktuelle) Verordnung vom 7. März 2012 über die Organisation und die Funktion des Verfassungsgerichtshofes (Regulament de organizare și funcționare a Curții Constituționale); Amtsblatt von Rumänien (Monitorul Oficial), Teil I, Nr. 198 vom 27. März 2012.

71 Vgl. Art. 74 Abss. 1,2 Ges. 47/92.

72 Vgl. etwa *Selejan-Gutan, Bianca*, The Taming of the Court – When Politics Overcome Law in the Romanian Constitutional Court, VerfBlog, 2018/6/06, https://verfassungsblog.de/the-taming-of-the-court-when-politics-overcome-law-in-the-romanian-constitutional-court/, DOI: 10.17176/20180606-154920-0 (letzter Abruf am 21. Mai 2021).

73 Vgl. etwa *Brunner*, a.a.O. [Fn. 13], S. 833, m.w.N.

seitens der Politik[74] zum Trotz, gewiss dazu beigetragen, verschiedene Facetten der rumänischen Rechtsordnung insoweit auszulegen, um regelmäßig Rechtssicherheit und Vertrauen in den Augen der Bevölkerung zu erzeugen.[75] Dies wird durch einen repräsentativen Querschnitt von 50 Judikaten aus dem aktuellen Verfassungsstatus belegt, welche in der Folge dargebracht werden, um nicht zuletzt auch die thematische Vielfalt der Entscheidungen der letzten Dekaden entsprechend zu würdigen. Nicht selten wurde hierbei auch, anhand der Befassung des Verfassungsgerichtshofes mit Fragen der formellen Verfassungsmäßigkeit, der wichtige Topos notwendig qualitativer und guter Rechtsetzung konsolidiert.[76]

In der folgenden, chronologisch geordneten Analyse finden sich dementsprechend a) Fälle abstrakter präventiver Normenkontrolle (es sind dies die Causen Nr. 3-10, 16, 18-19, 21, 25, 30-36, 38-39, 42-43, 45-47 und 50[77]; b) Fälle abstrakter repressiver Normenkontrolle (die Causen Nr. 12, 13, 15, 40, 44, 48-49 sowie, auf die parlamentarische Geschäftsordnung bezogen, Nr. 37); c) Fälle konkreter Normenkontrolle (die Causen Nr. 11, 17, 20, 23-24, 28-29)[78]; d) Rechtskonflikte - konstitutioneller Art - bei oftmals wechselnden, sich gegenüberstehenden Interaktanten (Fälle Nr. 1-2, 14, 22, 27 und 41); schließlich e) die Verfassungskonformitätsprüfung einer Bürger-Gesetzgebungsinitiative (Fall Nr. 26).

---

74 Vgl. etwa *Ernst, Ulrich,* Eingriffe in die Verfassungsgerichtsbarkeit in EU-Mitgliedsstaaten - Ungarn, Rumänien und Polen im Vergleich, in: OER 1/2017, S. 49-64; *Vlad, Monica,* Die Entwicklung des Verfassungsrechts in Rumänien, in: OER 3/2017, S. 256-270 (256 ff.).

75 Vgl. etwa *Deleanu, Ion,* Obligativitatea deciziilor Curții Constituționale, in: Revista de drept public 1/2000, S. 1-8; *Călinoiu, Constanța,* Drept constituțional și instituții politice, Bukarest 2005, S. 1 ff.; *Toader, Tudorel / Safta, Marieta,* Le rôle de la Cour constitutionnelle dans la consolidation de l'Etat de droit, in: Revue Est Europa 2/2012, S. 113-139.

76 Vgl. *Parashu, Dimitrios,* Rumänischer Verfassungsgerichtshof: Stärkung des Zweikammersystems und der Gesetzgebungsqualität. Einige Bemerkungen zur Entscheidung Nr. 456 vom 24. Juni 2020 (zur Verfassungswidrigkeit des Gesetzesentwurfes PL-x Nr. 673/2019 über die Genehmigung der staatlichen Notstandsverordnung Nr. 79/2019 in Bezug auf einige Maßnahmen im Bildungsbereich und gegen die Verlängerung bestimmter Bestimmungen), in: OER 3/2020, S. 442-445.

77 Die Fälle Nr. 7-10 und 35 haben dabei besondere fiskalpolitische Relevanz.

78 Bemerkenswerter Weise beziehen sich die Fälle Nr. 20, 24 und 28 alle gleichsam auf Bestimmungen des rumänischen Strafrechts.

B. Der rumänische Verfassungsgerichtshof in der Praxis: Ausgewählte Rechtsprechungsbeispiele

1) Entscheidung Nr. 53 vom 28. Januar 2005[79]

Im hiesigen Fall beantragte[80] der Präsident der rumänischen Abgeordnetenkammer die Beilegung eines mutmaßlichen Rechtskonfliktes konstitutioneller Art zwischen dem Präsidenten der Republik (damals war dies *Traian Băsescu*) und dem Parlament, welchen das Hohe Haus infolge eines umstrittenen Zeitungsinterviews[81] des Staatsoberhauptes annahm. Dieses hatte sich sehr kritisch über einige (die damalige Regierung parlamentarisch stützenden) politische Parteien geäußert, ferner eine parlamentarische Untersuchung zur Durchführung der allgemeinen Wahlen vom November 2004 sowie die Einleitung des parlamentarischen Verfahrens zur Absetzung der Präsidenten der beiden Kammern gefordert und auch eine Notwendigkeit neuer, vorgezogener Parlamentswahlen artikuliert. All dies verstoße, in den Augen des Antragstellers, gegen etliche Bestimmungen der RV, namentlich insbes. Art. 1 Abs. 4 (Gewaltenteilungsgarantie), Art. 8 (Garantie des Pluralismus in der rumänischen Gesellschaft, konkret auch hinsichtlich politischer Parteien, als Basis für die konstitutionelle Demokratie), Art. 61 (Organisation des Parlamentes), Art. 64 (interne Arbeitsweise des Hohen Hauses), Art. 80 Abs. 2 (Garantiefunktion des Staatsoberhauptes bzgl. der Funktionalität der Institutionen) sowie schließlich Art. 89 (Essentialium einer Selbstauflösung im Hinblick auf vorgezogene parlamentarische Neuwahlen) RV.

Der Verfassungsgerichtshof stellte allerdings fest, dass ein solcher Rechtskonflikt vorliegend nicht zu erkennen sei. Die Aussagen des rumänischen Staatsoberhauptes hatten in den Augen der Richter den Charakter politischer Meinungsäußerungen, welche gemäß Art. 84 Abs. 2 i.V.m. Art. 72 Abs. 1 RV zum Ausdruck gebracht wurden, mithin dem Staatsoberhaupt zustünden; dies bilde jedoch nicht den Anlass zu einem verfassungsrechtlichen, interinstitutionellen Konflikt im Sinne der - aus Gründen der Staatsräson restriktiv zu lesenden - Bestimmungen von Art. 146 lit. e RV.

---

79 Vgl. im Folgenden Amtsblatt von Rumänien (Monitorul Oficial al României), Teil (Partea) I, Nr. 144 vom 17. Februar 2005; siehe auch https://www.ccr.ro/wp-c ontent/uploads/2020/10/D053_05.pdf (letzter Abruf am 21. Mai 2021).

80 Antrag Nr. 96 vom 8. Januar 2005, Akte des Verfassungsgerichtshofes Nr. 11E/ 2005. Einen materiell identischen Antrag (Nr. 122 vom 10. Januar 2005, Akte des Verfassungsgerichtshofes Nr. 20E/2005) hatte übrigens auch der damalige Präsident der anderen Legislativkammer, des Senates, gestellt.

81 Interview mit der Zeitung "Adevărul", das am 6. Januar 2005 (Nr. 4.513) veröffentlicht wurde (hier zitiert nach der Entscheidung Nr. 53/2005).

Der Verfassungsgerichtshof machte jedoch deutlich, dass die öffentlichen Äußerungen öffentlicher Amtswalter in Bezug auf den Kontext, in dem sie abgegeben werden, und auch in Bezug auf ihren konkreten Inhalt zu Verwirrung, Unsicherheit oder Spannungen führen könnten, die später zu solch interinstitutionellen Konflikten führen könnten. Die Kammer sei jedoch nur befugt, in Situationen einzugreifen, in denen tatsächlich ein Rechtskonflikt verfassungsrechtlicher Art zwischen zwei oder mehr Institutionen entstanden ist.

Die Entscheidung erscheint insoweit als signifikant, als dass die Kammer sich erfolgreich dagegen erwehrte, zum Spielball politischer Interessen zu werden und auf die Vorherrschaft der Verfassung pochte. Auch emphatisierte sie solcherart die wesentlichen Elemente der Gewaltenteilung nach der RV.[82] Man kann dies jedenfalls als eine Art "Gelbe Karte" gegen die beteiligten Akteure werten.

---

82 Vgl. hierzu hervorragend bereits *Tănase, Gheorghe,* Separaţia puterilor în stat, Bukarest 1994 *(passim)*. Ferner auch *Niculae, Fabian,* Le principe de la séparation des pouvoirs dans la jurisprudence de la Cour constitutionnelle de la Roumanie, in: Revue d'études politiques et constitutionnelles Est-européennes, Nr. 1-2/2009, S. 57-64.

2) Entscheidung Nr. 435 vom 26. Mai 2006[83]

Im vorliegenden, ähnlich zum vorherigen einzuordnenden Fall, beantragte[84] der Präsident des Obersten Rates der Magistratur die Lösung eines weiteren, mutmaßlichen Rechtskonfliktes konstitutioneller Art zwischen der rumänischen Justizbehörde einerseits und dem Präsidenten der Republik (immer noch war dies *Traian Băsescu*) sowie dem Premierminister (*Călin Popescu-Tăriceanu*) andererseits.

Beide Amtsträger der Exekutive hatten sich, unabhängig voneinander, mehrfach überaus kritisch über die rumänische Justiz geäußert, sogar so weit gehend, als dass dieser flächendeckende Korruption vorgeworfen wurde. All dies verstoße, in den Augen des Antragstellers, namentlich insbes. gegen die Art. 1 Abs. 4 (Gewaltenteilungsgarantie) und, auf das Staatsoberhaupt bezogen, Art. 80 Abs. 2 RV (Garantiefunktion des Staatsoberhauptes bzgl. der Funktionalität der Institutionen).

Der Verfassungsgerichtshof stellte allerdings auch hier fest, dass ein solcher Rechtskonflikt vorliegend nicht zu erkennen sei. Die Aussagen beider Amtswalter hatten in den Augen der Richter den Charakter politischer Meinungsäußerungen; dies bilde jedoch wiederum nicht den Anlass zu einem verfassungsrechtlichen, interinstitutionellen Konflikt im Sinne der Bestimmungen von Art. 146 lit. e RV.

Man stellte jedoch hier zusätzlich fest, dass zwar die Meinungs- und Kritikfreiheit für die konstitutionelle Demokratie natürlich unverzichtbar sei, aber auch dann respektvoll sein müsse, wenn eine feste kritische Haltung zum Ausdruck gebracht werde. Da die Unabhängigkeit der Justiz (auf Basis bereits der Rechtsstaatsgarantie aus Art. 1 Abs. 4) durch die RV garantiert werde, hielten es die Verfassungsrichter für notwendig, andere Richter des Landes im verfassungsrechtlichen Sinne wirksam vor abstrakten Angriffen und Verunglimpfungen jeglicher Art zu schützen. Bei der Wiederherstellung von Recht und Ordnung sollten alle Richter -in den Augen der Kammer - auf die Unterstützung anderer staatlicher, gesetzgebender und exekutiver Amtswalter zählen können.

---

83 Vgl. im Folgenden Amtsblatt von Rumänien, Teil I, Nr. 576 vom 4. Juli 2006; siehe auch https://www.ccr.ro/wp-content/uploads/2020/10/D435_06.pdf (letzter Abruf am 21. Mai 2021).
84 Antrag Nr. 3121 vom 4. April 2006, Akte des Verfassungsgerichtshofes Nr. 544E/ 2006.

Die Entscheidung erscheint aufgrund der Abstraktion des Antrages wohl nachvollziehbar; die Kammer sah sich nicht als dazu genötigt, ohne konkretere Hinweise eine interinstitutionelle Krise als bestätigt anzusehen.

3) Entscheidung Nr. 59 vom 17. Januar 2007[85]

In der hiesigen Sache musste die Kammer auf den Antrag[86] von 51 Mitgliedern des Abgeordnetenhauses hin präventiv Stellung beziehen, bzgl. einer mutmaßlichen Verfassungswidrigkeit von Bestimmungen des avisierten Gesetzes über die Genehmigung von Finanzmaßnahmen für kleine und mittlere Unternehmen in der Bierindustrie[87]. Konkret moniert wurde eine Verletzung des Art. 135 Abs. 2 lit. a RV (wonach der Staat sich dazu verpflichtet, freien Wettbewerb zu gewährleisten) durch die Art. 1 und 3 des bezeichneten Gesetzes, welche Steuervergünstigungen (auch die Befreiung von ausstehenden steuerlichen Verpflichtungen) für die kleinen und mittleren Unternehmen der rumänischen Bierbranche vorsahen. Die Antragsteller empfanden dies als ungerechtfertigte staatliche Beihilfe und emphatisierten zudem, dass die Motivation der kritisierten Normen, den Konkurs einiger Brauereien mit geringer Kapazität zu verhindern, von Wettbewerbsgrundsätzen her nicht gerechtfertigt sei.

Der Verfassungsgerichtshof stellte (bei zwei Sondervoten) allerdings fest, dass die angegriffenen Normen durchaus verfassungskonform seien, mithin den Wettbewerb auf dem rumänischen Markt nicht schädigen würden. Zudem stellte er zutreffend fest, dass die kritisierten Normen auch im Kontext der Bestimmungen der Art. 87 bis 89 EGV stünden, wenngleich es sich vorliegend nicht um den in Art. 148 Abs. 2 RV geregelten Topos der Frage vorrangiger Anwendung der Gemeinschaftsvorschriften handele.

Jedenfalls wies die Kammer darauf hin, dass hinsichtlich der Verpflichtung zur Meldung staatlicher Beihilfen beim rumänischen Wettbewerbsrat (als Kontaktbehörde zwischen Rumänien und der Europäischen Kommission) die Bestimmungen der staatlichen Notstandsverordnung Nr. 117/2006 eingehalten worden seien.

Die Entscheidung ist als eine der ersten, nach dem Beitritt Rumäniens zur EU (per 1. Januar 2007) erlassenen, bereits insoweit historisch; in der

---

85 Vgl. im Folgenden Amtsblatt von Rumänien, Teil I, Nr. 98 vom 8. Februar 2007; siehe auch https://www.ccr.ro/wp-content/uploads/2020/10/D0059_07.pdf (letzter Abruf am 21. Mai 2021).

86 Antrag Nr. 11233 vom 5. Dezember 2006, Akte des Verfassungsgerichtshofes Nr. 2375A/2006.

87 Legea privind aprobarea unor măsuri financiare pentru întreprinderile mici şi mijlocii din industria berii (Gesetzesvorschlag Pl-x nr. 723/2006); infolge verschiedener Kalamitäten im Rahmen des Gesetzgebungsprozesses letztlich als Gesetz Nr. 88/2010 verabschiedet (Amtsblatt von Rumänien, Teil I, Nr. 351 vom 27. Mai 2010).

Sache vermieden die Richter durch ihr zutreffendes Judiz Rechtsunsicherheiten auf dem rumänischen Biermarkt und stellten zudem die Notwendigkeit der Konformität des nationalen mit dem EU-Recht sicher.

4) Entscheidung Nr. 420 vom 3. Mai 2007[88]

Diesem insbes. politisch hoch kontroversen Fall lag ein Antrag[89] von 50 Mitgliedern des Abgeordnetenhauses auf Prüfung der etwa Verfassungswidrigkeit einer Norm zugrunde: Konkret ging es um eine geplante Revision des Art. 10 des Gesetzes über Volksabstimmungen (Nr. 3/2000)[90], da infolge der temporären Absetzung des Präsidenten der Republik *Băsescu* durch das Hohe Haus auch das rumänische Wahlvolk befragt werden musste: Diese Norm emphatisierte die Notwendigkeit der Einhaltung älterer, einschlägiger verfassungsgerichtlicher Judikatur.[91] Auf diese Art und Weise hätte bei einem Sanktionsreferendum über die Absetzung des Staatsoberhauptes nurmehr eine einfache Mehrheit ausgereicht, wie der rumänische Gesetzgeber Anfang 2007 entsprechend beschlossen hatte. Die Antragsteller monierten, dass diese Norm aufgrund ihres, wie sie emphatisierten, verfassungswidrigen Kernes gegen Art. 147 Abs. 2 RV verstoße (welcher jedenfalls eine praktische Anwendung nicht erlaube).

Der Verfassungsgerichtshof stellte naturgemäß (aber bei einem abweichenden Sondervotum) fest, dass die angegriffene Norm durchaus verfassungskonform sei, und erlaubte so letztlich, dass beim (am 19. Mai 2007 durchgeführten) Referendum eine einfache Wählermehrheit für eine Konsolidierung der Absetzung *Băsescus* ausgereicht hätte. Freilich gelang es letztgenanntem an jenem Tage, etwa 3/4 der teilnehmenden Wähler von sich zu überzeugen, so dass er im Amt verbleiben konnte.

Die hiesige Entscheidung muss kritisch gesehen werden; es steht zwar in der Natur vergleichbarer Gerichtshöfe, per se verfassungsgerichtliche Judikatur zunächst einmal zu konsolidieren: Allerdings hätte auf diese Art und Weise die Messlatte zur Ablösung eines (gem. Art. 81 Abs. 1 RV volksgewählten) Staatsoberhauptes allzu tief angelegt werden können, was auch an der Wiege möglicher zukünftiger Staatskrisen stehen könnte.

---

88 Vgl. im Folgenden Amtsblatt von Rumänien, Teil I, Nr. 295 vom 4. Mai 2007; siehe auch https://www.ccr.ro/wp-content/uploads/2020/10/D0420_07.pdf (letzter Abruf am 21. Mai 2021).

89 Antrag Nr. 2790 vom 27. März 2007, Akte des Verfassungsgerichtshofes Nr. 402A/2007.

90 Lege privind organizarea și desfășurarea referendumului (Amtsblatt von Rumänien, Teil I, Nr. 84 vom 24. Februar 2000).

91 Entscheidung Nr. 47 vom 21. Februar 2007, veröffentlicht im Amtsblatt von Rumänien, Teil I, Nr. 162 vom 7. März 2007.

5) Entscheidung Nr. 609 vom 20. Juni 2007[92]

Vorliegend ging es wiederum um die Prüfung der etwa Verfassungswidrig-keit einer Norm auf Antrag[93] von 50 Mitgliedern des Abgeordnetenhauses hin: Konkret handelte es sich um das (noch nicht ausgefertigte) Gesetz Nr. 335/2007 zur rumänischen Handels- und Industriekammer[94], welches in den Augen der Antragsteller bereits förmlich verfassungswidrig sei, da es als Organgesetz (was es ihrer Ansicht nach aufgrund der inhaltlichen Signifikanz sei) nicht auf Basis von Art. 76 Abs. 1 RV zustande gekommen sei. Im übrigen sah man materiell durch Art. 48 des Gesetzes, welches die kostenlose Freigabe von Informationen aus dem Handelsregister vorsah, eine Verletzung des Art. 135 Abs. 2 lit. a RV (wonach der Staat sich dazu verpflichtet, freien Wettbewerb zu gewährleisten) als gegeben an.

Der Verfassungsgerichtshof stellte (bei einem abweichenden Sondervo-tum) fest, dass die angegriffene Norm verfassungskonform sei, und empha-tisierte solcherart seine eigene frühere Judikatur[95]. Mithin wurde darauf verwiesen, dass die (eben nur durch qualifizierte Mehrheit mögliche) Verabschiedung von Organgesetzen nur in durch Art. 73 Abs. 3 lit. t RV vorgesehenen Fällen möglich wäre, was jedoch restriktiv zu handhaben sei. Auch sah man dezidiert keine Auswirkungen auf die Wettbewerbsre-geln durch die monierte Norm, da eine faire Konfrontation zwischen Händlern, die auf demselben Marktsegment tätig seien und Verbrauchern ähnliche Produkte anböten, hierdurch nicht tangiert sei.

Durch diese Entscheidung gelang es der Kammer, bereits eine inflatio-näre Anwendung von Organgesetzen zu verhindern, was sich auf die Handlungsfähigkeit des Hohen Hauses negativ hätte auswirken könne. In der Sache wurde die einschlägige Wettbewerbsnorm der RV effizient konsolidiert.

---

92 Vgl. im Folgenden Amtsblatt von Rumänien, Teil I, Nr. 453 vom 4. Juli 2007; siehe auch https://www.ccr.ro/wp-content/uploads/2020/10/D0609_07.pdf (letzter Abruf am 21. Mai 2021).

93 Antrag Nr. 4604 vom 11. Mai 2007, Akte des Verfassungsgerichtshofes Nr. 696A/2007.

94 (Camerelor de comerţ din România), letztlich verabschiedet im Amtsblatt von Rumänien, Teil I, Nr. 836 vom 6. Dezember 2007.

95 Entscheidung Nr. 545 vom 5. Juli 2006, veröffentlicht im Amtsblatt von Rumäni-en, Teil I, Nr. 638 vom 25. Juli 2006.

6) Entscheidung Nr. 305 vom 12. März 2008[96]

Im hier behandelten Fall ging es um einen Antrag[97] von 26 Mitgliedern des Senates auf präventive Prüfung der etwa Verfassungswidrigkeit von Revisionsbestimmungen[98] des Gesetzes zur Wahl der Abgeordnetenkammer und des Senates sowie zur Änderung und Vervollständigung des Gesetzes Nr. 67/2004 zur Wahl der örtlichen Verwaltungsbehörden, des Gesetzes der örtlichen Verwaltung Nr. 215/2001 und des Gesetzes Nr. 393/2004 über das Statut der örtlichen gewählten Beamten. Gemeinsamer Nenner der angegriffenen Normen war die Partizipation ethnischer Minderheiten an Volkswahlen verschiedener Couleur. So besagte etwa Art. 29 Abs. 5 des Gesetzes zur Wahl der Abgeordnetenkammer und des Senates, dass - bei der Einreichung von Kandidaturen - jede politische Partei, jedes politische Bündnis, jedes Wahlbündnis, jeder unabhängige Kandidat, aber eben auch jede Organisation von Bürgern nationaler Minderheiten im Namen der Wahlberechtigten die Hinterlegung einer Kaution nachweisen müsse, was in den Augen der Antragsteller einen Verstoß gegen Art. 4 Abs. 2 RV darstelle, da somit die Ausübung des Wahlrechts auf der Grundlage von Vermögenskriterien stehe.

Ferner wurde insbes. Art. 77 zur Änderung des Gesetzes Nr. 67/2004 zur Wahl der örtlichen Verwaltungsbehörden als Verstoß gegen die Bestimmungen von Art. 121, Art. 122 und Art. 123 RV in Bezug auf die örtlichen Verwaltungsbehörden angeprangert, da durch die von den Antragstellern angegriffene Norm die Wahl des Präsidenten eines Bezirksrates durch einstimmiges Votum ethnische Minderheiten diskriminiere, was nicht zuletzt auch dem Pluralismusgebot aus Art. 8 RV schade.

Der Verfassungsgerichtshof stellte jedoch fest, dass die angegriffenen Normen durchaus verfassungskonform seien; einen Verstoß gegen Art. 4 Abs. 2 RV verneinte man insoweit, als dass die Partizipation bei Volkswah-

---

96 Vgl. im Folgenden Amtsblatt von Rumänien, Teil I, Nr. 213 vom 20. März 2008; siehe auch https://www.ccr.ro/wp-content/uploads/2020/10/D0305_08.pdf (letzter Abruf am 21. Mai 2021).

97 Antrag Nr. 2417 vom 6. März 2008, Akte des Verfassungsgerichtshofes Nr. 520A/2008.

98 Vermöge des avisierten Revisionsgesetzes Nr. 35/2008 (Legea nr. 35/2008 pentru alegerea Camerei Deputaților și a Senatului și pentru modificarea și completarea Legii nr. 67/2004 pentru alegerea autorităților administrației publice locale, a Legii administrației publice locale nr. 215/2001 și a Legii nr. 393/2004 privind Statutul aleșilor locali), letztlich verabschiedet im Amtsblatt von Rumänien, Teil I, Nr. 196 vom 13. März 2008.

len für alle Partizipanten unter derselben Voraussetzung stehe, die vorgegebene Kaution eben im Sinne des nationalen Interesses an die Staatskasse abgeführt werden müsse. Ein Problem gegenüber den Artt. 121 ff. sowie Art. 8 RV sah man ebenfalls nicht als gegeben an, da solch eine Abstimmung dem Präsidenten eines Bezirksrates seinen eigenen institutionellen Charakter verleihe - er sei somit nicht länger einfaches Mitglied des Bezirksrates.

Die hiesige Entscheidung muss zu Teilen kritisch gesehen werden; zwar ist die Bezugnahme zur Gleichheit[99] bei der Wahlpartizipation durchaus schlüssig; die Einstimmigkeit bei der Wahl von Bezirksvorsitzen kann jedoch durchaus ethnische Minderheiten in der Praxis benachteiligen.

---

99 Zum Grundsatz (aus Art. 16 RV) als solchem siehe insbes. *Tănăsescu, Elena Simina*, Principiul egalităţii în dreptul romănesc, Bukarest 1999 *(passim)*.

7) Entscheidung Nr. 1092 vom 15. Oktober 2008[100]

Vorliegend hatte das rumänische Kabinett beantragt,[101] dass der Verfassungsgerichtshof präventiv eine etwa Verfassungswidrigkeit von Bestimmungen des avisierten Reformnotgesetzes zur Änderung und Vervollständigung des Gesetzes Nr. 19/2000 über das öffentliche Rentensystem und andere Sozialversicherungsrechte[102] prüfe. Konkret handelte es sich in den Augen des Antragstellers um einen normativen Akt, der sowohl formell als auch materiell schwerwiegende verfassungsrechtliche Mängel aufweise, insbes. angesichts des Verfahrens zur Annahme des Gesetzesentwurfes: So sei pro forma Art. 138 Abs. 5 RV verletzt worden, da demgemäß jedwede Ausgabe im Staatshaushalt einer einschlägigen Quellendeklaration bedürfe; inhaltlich seien daneben, durch die vorgesehenen Änderungen (es handelte sich überwiegend um Erhöhungen einschlägiger Bezüge) im Rentensystem (*sic* in allgemeiner Form durch die Antragsteller formuliert) insbes. die Rechtsstaatsklausel aus Art. 1 Abs. 5 RV und der Gleichheitsgrundsatz aus Art. 16 Abs. 1 RV verletzt worden.

Der Verfassungsgerichtshof stellte in diesem Fall fest, dass das formell und materiell angegriffene Reformgesetz jedenfalls verfassungskonform sei; eine fehlende Quellendeklaration der zusätzlichen Ausgaben im Staatshaushalt infolge der Rentenreform sah die Kammer, unter Bezugnahme auf eigene einschlägige vorherige Judikatur[103] nicht als belegt an, da die Mitglieder des Parlamentes und der Regierung ausreichend Kenntnis aller Essentialia nehmen hätten können. Ferner begründe das Reformgesetz inhaltlich keinerlei Diskriminierung oder Privilegien, es sei vielmehr aus Gründen des Sozialschutzes objektiv und vernünftigerweise gerechtfertigt. Die verfassungsrechtlichen Bestimmungen von Art. 16 Abs. 1 RV seien diesbezüglich inhaltlich in engem Zusammenhang mit demjenigen von Art. 4 Abs. 2 RV zu interpretieren, welcher die Kriterien der Nichtdiskri-

---

100 Vgl. im Folgenden Amtsblatt von Rumänien, Teil I, Nr. 712 vom 20. Oktober 2008; siehe auch https://www.ccr.ro/wp-content/uploads/2020/10/D1092_08.pdf (letzter Abruf am 21. Mai 2021).

101 Antrag Nr. 10646 vom 2. Oktober 2008, Akte des Verfassungsgerichtshofes Nr. 1944A/2008.

102 *Legea privind sistemul public de pensii si alte drepturi de asigurari sociale*; die hiesige Reform-Norm wurde letztlich im Amtsblatt von Rumänien, Teil I, Nr. 826 vom 9. Dezember 2008 veröffentlicht.

103 Entscheidung Nr. 515 vom 24. November 2004, veröffentlicht im Amtsblatt von Rumänien, Teil I, Nr. 1195 vom 14. Dezember 2004.

minierung festlegt. Im übrigen erschien der Antrag als inhaltlich etwas abstrakt gehalten.

Durch die vorliegende Entscheidung unterstrich der Verfassungsgerichtshof notwendige rechtsstaatliche Garantien hinsichtlich der Produktion und des Inhaltes eines so sensiblen Regelungstopos wie der hiesigen Rentenreform und stärkte solcherart den rumänischen Sozialstaat.

8) Entscheidung Nr. 1093 vom 15. Oktober 2008[104]

Vorliegend hatte abermals das rumänische Kabinett beantragt,[105] dass der Verfassungsgerichtshof präventiv eine etwa Verfassungswidrigkeit von Bestimmungen des - noch nicht ausgefertigten - Gesetzes (Nr. 221/2008) zur Genehmigung der Regierungsverordnung Nr. 15/2008 in Bezug auf die Gehaltserhöhungen, die 2008 dem Bildungspersonal gewährt werden sollten[106], prüfe. Konkret handelte es sich in den Augen des Antragstellers abermals um einen normativen Akt, der sowohl formell als auch materiell schwerwiegende verfassungsrechtliche Mängel aufweise, wieder insbes. angesichts des Verfahrens zur Annahme des Gesetzesentwurfes: So sei auch hier pro forma Art. 138 Abs. 5 RV verletzt worden, da demgemäß jedwede Ausgabe im Staatshaushalt einer einschlägigen Quellendeklaration bedürfe; auch sei der einschlägige Standpunkt der Regierung nicht durch den Gesetzgeber eingeholt worden, was eine Verletzung des entsprechenden Art. 111 Abs. 1 Satz 2 RV darstelle. Inhaltlich verstoße das Gesetz insbes. gegen Art. 148 RV (der verfassungsrechtlichen Basis des Beitrittes Rumäniens zur EU), konkreter gegen internationale (=EU-) fiskalische Verpflichtungen des rumänischen Staates, überhöhte öffentliche Defizite zu vermeiden (ehem. Art. 104 EGV).

Der Verfassungsgerichtshof stellte auch in diesem Fall fest, dass das formell und materiell angegriffene Reformgesetz verfassungskonform sei; auch hier sah die Kammer eine fehlende Quellendeklaration der zusätzlichen Ausgaben im Staatshaushalt infolge der Gehaltserhöhungen nicht als belegt an, da die Mitglieder des Parlamentes und des Kabinettes ausreichend Kenntnis aller Essentialia nehmen hätten können. Ferner sei das Gesetz aus Gründen des Sozialschutzes objektiv und vernünftigerweise gerechtfertigt. In Bezug auf die Berufung auf Art. 148 RV als Grund für eine etwa materielle Verfassungswidrigkeit stellten die Richter fest, dass der kritisierte normative Rechtsakt im vorliegenden Fall keine Bestimmungen enthalte, die gegen Art. 104 EGV und eine bestimmte Haushaltsdisziplin verstoßen würden.

---

104 Vgl. im Folgenden Amtsblatt von Rumänien, Teil I, Nr. 711 vom 20. Oktober 2008; siehe auch https://www.ccr.ro/wp-content/uploads/2020/10/D1093_08.pdf (letzter Abruf am 21. Mai 2021).

105 Antrag Nr. 10899 vom 9. Oktober 2008, Akte des Verfassungsgerichtshofes Nr. 1977A/2008.

106 Legea pentru aprobarea Ordonanța nr. 15/2008 privind creșterile salariale ce se vor acorda în anul 2008 personalului din învățământ; letztlich veröffentlicht im Amtsblatt von Rumänien, Teil I, Nr. 730 vom 28. Oktober 2008.

Abermals unterstrich der Verfassungsgerichtshof somit notwendige rechtsstaatliche Garantien hinsichtlich der Produktion und des Inhaltes eines wiederum sensiblen Regelungstopos und stärkte solcherart den rumänischen Sozialstaat, klärte aber auch den Anwendungsbereich des Art. 148 RV in überzeugender Form.

9) Entscheidung Nr. 1415 vom 4. November 2009[107]

Vorliegend hatten 62 Mitglieder des Unterhauses und 27 Senatoren der parlamentarischen Opposition beantragt,[108] dass der Verfassungsgerichtshof eine etwa Verfassungswidrigkeit des Rahmengesetzes (Nr. 330/2009) über die einheitliche Vergütung der rumänischen Beamten[109] präventiv prüfe.

Konkret handelte es sich in den Augen der Antragsteller um einen normativen Akt, der gegen Art. 114 RV verstoße, demgemäß ein rumänisches Kabinett im Zuge der Übernahme seiner Verantwortung gegenüber dem Hohen Hause keine vergleichbar hochsignifikanten Gesetze respektive -entwürfe einbringen könne. Inhaltlich sei durch das Gesetz und die dadurch normierten Vergütungen Art. 47 RV, welcher einen Minimums-Lebensstandard für die Bevölkerung vorsieht, verletzt worden.

Der Verfassungsgerichtshof stellte jedoch auch in diesem Fall fest, dass das formell und materiell angegriffene Rahmengesetz jedenfalls verfassungskonform sei; eine etwa verfassungsrechtliche Restriktion hinsichtlich des Einbringens des konkreten Rahmengesetzes in das Hohe Haus durch das Kabinett wurde von den Verfassungsrichtern Rumäniens (bei drei separaten Mindermeinungen) nicht erkannt. Ferner sei das Rahmengesetz in Hinblick auf seinen normativen Inhalt vielmehr aus Gründen des Sozialschutzes objektiv und vernünftigerweise gerechtfertigt.

Durch die vorliegende Entscheidung unterstrich der Verfassungsgerichtshof abermals notwendige rechtsstaatliche Garantien hinsichtlich der Produktion und des Inhaltes eines so sensiblen Regelungstopos wie des hiesigen Rahmengesetzes und stärkte solcherart den rumänischen Sozialstaat; zum Spielball zwischen Regierung und Opposition ließ es sich, vor dem Hintergrund der sozialrechtlichen Bedeutsamkeit in der Sache, nicht machen.

---

107 Vgl. im Folgenden Amtsblatt von Rumänien, Teil I, Nr. 796 vom 23. November 2009; siehe auch https://www.ccr.ro/wp-content/uploads/2020/10/D1415_09.pdf (letzter Abruf am 21. Mai 2021).

108 Antrag Nr. 5482 vom 28. September 2009, Akte des Verfassungsgerichtshofes Nr. 7470A/2009.

109 Legea-cadru Nr. 330/2009 privind salarizarea unitară a personalului plătit din fonduri publice; letztlich veröffentlicht im Amtsblatt von Rumänien, Teil I, Nr. 762 vom 9. November 2009.

10) Entscheidung Nr. 871 vom 25. Juni 2010[110]

In diesem Fall hatten 37 Senatoren beantragt,[111] dass der Verfassungsgerichtshof eine etwa Verfassungswidrigkeit der Bestimmungen von Art. 1-5 und Art. 12 des Gesetzes (Nr. 119/2010) über die Festlegung von Maßnahmen im Bereich der Renten[112] präventiv, also wiederum vor seiner Ausfertigung, prüfe.

Konkret wurde insbes. vorgebracht, dass die entsprechend vorgesehene Verpflichtung und Art und Weise der Neuberechnung aller Sonderrenten gegen den Rechtsgrundsatz einer Nichtrückwirkung[113] (Art. 15 Abs. 2 RV) verstoße. Die Antragsteller sahen insoweit eine Eigentumsverletzung als möglich, was zusätzlich gegen das 1. Zusatzprotokoll zur EMRK verstoße; auch sahen sie insbes. ältere Menschen diskriminiert, was eine Verletzung von Art. 25 der EU-Grundrechtecharta darstelle.

Der Verfassungsgerichtshof konsolidierte in der Tat seine bisherige Rechtsprechung in Rentenfragen,[114] stellte jedoch im vorliegenden Fall (bei einer separaten Mindermeinung) fest, dass die angegriffenen Gesetzesbestimmungen aufgrund ihrer besonderen Bedeutsamkeit für die Fiskalsituation verfassungskonform seien. Angesichts der Tatsache, dass Sonderrenten kein Privileg, sondern eine objektive und rationale Rechtfertigung seien, war der Verfassungsgerichtshof der Ansicht, dass solche Rentenbezüge nur dann modifiziert werden könnten, wenn es einen rechtsstaatlich fundierten Grund gebe, der stark genug sei, um letztendlich zu einer Verringerung der Sozialleistungen des Staates zu führen. Im Fall der vorliegend monierten Bestimmungen bestehe ein solcher Grund jedoch in der Notwendigkeit, das Rentensystem zu reformieren, bestehende Ungleich-

---

110 Vgl. im Folgenden Amtsblatt von Rumänien, Teil I, Nr. 433 vom 28. Juni 2010; siehe auch https://www.ccr.ro/wp-content/uploads/2020/10/D0871_10.pdf (letzter Abruf am 21. Mai 2021).

111 Antrag Nr. 7779 vom 15. Juni 2010, Akte des Verfassungsgerichtshofes Nr. 1522A/2010.

112 Legea privind stabilirea unor măsuri în domeniul pensiilor, letztlich veröffentlicht im Amtsblatt von Rumänien, Teil I, Nr. 441 vom 30. Juni 2010.

113 Vgl. zum Topos allgemeiner *Constantinescu, Mihai / Mareş, Radu*, Principiul neretroactivităţii legilor în cazul deciziilor Curţii Constituţionale, in: Dreptul 11/1999, S. 82-95.

114 Etwa Entscheidung Nr. 375 vom 6. Juni 2005, veröffentlicht im Amtsblatt von Rumänien, Teil I, Nr. 591 vom 8. Juli 2005; Entscheidung Nr. 57 vom 26. Januar 2006, veröffentlicht im Amtsblatt von Rumänien, Teil I, Nr. 164 vom 21. Februar 2006; Entscheidung Nr. 120 vom 15. Februar 2007, veröffentlicht im Amtsblatt von Rumänien, Teil I, Nr. 204 vom 26. März 2007.

heiten im System zu beseitigen und nicht zuletzt die Wirtschafts- und Finanzkrise des Staates zu berücksichtigen.

Durch die vorliegende Entscheidung, welche gerade in Bezug auf fiskalische Konsolidierung nachvollziehbar erscheint, gelang dem Verfassungsgerichtshof ein veritabler Balanceakt zugunsten der letztlichen Präservation der Effizienz des rumänischen Sozialstaates, wenngleich schmerzhafte finanzielle Einschnitte für die Bevölkerung hier nicht unterbunden werden konnten.

11) Entscheidung Nr. 319 vom 29. März 2012[115]

In der bezeichneten Causa hatte sich der Verfassungsgerichtshof mit einem Fall konkreter Normenkontrolle auseinanderzusetzen, welcher auf einem einschlägigen Kontrollantrag des Zivilgerichtes von Suceava fußte.[116] Konkret moniert wurde eine etwa Verfassungswidrigkeit von Art. 259 Abs. 2 des Gesetzes Nr. 95/2006 über die Gesundheitsreform[117] (bezogen auf die Erstattung der bezahlten Krankenversicherungsbeiträge und die künftige Abschaffung ihrer Zahlung). Dezidiert wurde vorgebracht, dass die Rente ein Anspruch an den Staat sei, den er als solchen garantieren und schützen müsse, wobei die Einbehaltung eines Geldbetrages als Sozialversicherungsbeitrag als Verletzung der verfassungsmäßigen Rente, aber auch des Rechts auf einen angemessenen Lebensstandard angesehen wurde (Art. 47 RV). Der Fall wurde durch den Verfassungsgerichtshof aus Gründen der Praktikabilität mit einem weiteren, vollumfänglich gleich gelagerten Fall auf Antrag des Zivilgerichtes von Constanța[118] verbunden.

Der Verfassungsgerichtshof konsolidierte hier abermals seine bisherige einschlägige Rechtsprechung[119] und stellte im Ergebnis im vorliegenden Fall fest, dass die angegriffenen Gesetzesbestimmungen wiederum insbes. aufgrund ihrer besonderen Bedeutsamkeit für die Fiskalsituation verfassungskonform seien. Angesichts der Tatsache, dass die Rechtsbeziehungen zwischen dem Versicherten und dem Staat im Zusammenhang mit den Beiträgen zur einheitlichen nationalen Krankenkasse hier keine Ausnahme bilden könnten, bestehe gewiss die Notwendigkeit, das Rentensystem kontinuierlich zu reformieren, bestehende Ungleichheiten im System zu beseitigen, allerdings auch die Wirtschafts- und Finanzkrise des Staates zu berücksichtigen.

Auch durch die vorliegende Entscheidung, welche in Bezug auf fiskalische Konsolidierung wiederum nachvollziehbar erscheint, gelang dem

---

115 Vgl. im Folgenden Amtsblatt von Rumänien, Teil I, Nr. 274 vom 25. April 2012; siehe auch https://www.ccr.ro/wp-content/uploads/2020/10/D0319.pdf (letzter Abruf am 21. Mai 2021).
116 Antrag Nr. 1171 / 86/2011, Akte des Verfassungsgerichtshofes Nr. 804D/2011.
117 Legea privind reforma in domeniul sanatatii, veröffentlicht im Amtsblatt von Rumänien, Teil I, Nr. 372 vom 28. April 2006.
118 Antrag Nr. 3060 / 118/2011, Akte des Verfassungsgerichtshofes Nr. 825D/2011.
119 Etwa Entscheidung Nr. 1148 vom 13. September 2011, veröffentlicht im Amtsblatt von Rumänien, Teil I, Nr. 783 vom 4. November 2011; Entscheidung Nr. 1422 vom 20. Oktober 2011, veröffentlicht im Amtsblatt von Rumänien, Teil I, Nr. 880 vom 13. Dezember 2011.

Verfassungsgerichtshof eine konsequente Weiterführung seiner einschlägigen Judikatur.

12) Entscheidung Nr. 728 vom 9. Juli 2012[120]

Rumänien ereilte 2012 eine abermalige schwere politische Krise, in deren Rahmen u.a. der damalige Präsident des Senates *Vasile Blaga* durch einen einschlägigen Beschluss der Oberkammer (Senatsbeschluss Nr. 24 vom 3. Juli 2012) abgesetzt wurde - in der hiesigen Sache hatte sich der Verfassungsgerichtshof mit einem Antrag auf abstrakt-repressive Prüfung der etwa Verfassungswidrigkeit dieses Beschlusses auseinanderzusetzen, welcher durch 28 Senatoren der - sich bei der Beschlussfassung übergangen fühlenden - "Partidul Naţional Liberal (PNL)"[121] eingebracht worden war.[122]

Konkret moniert wurde eine etwa Verfassungswidrigkeit des Zustandekommens des Beschlusses, angesichts der Notwendigkeit der Einhaltung von Art. 64 Abs. 5 RV bzgl. der internen (auch Abstimmungen betreffenden) parlamentarischen Organisation.

Der Verfassungsgerichtshof konsolidierte auch hier seine bisherige einschlägige Rechtsprechung[123] und stellte im Ergebnis im vorliegenden Fall (bei drei separaten Mindermeinungen) fest, dass der angegriffene Senatsbeschluss Nr. 24 vom 3. Juli 2012, der die effektive Absetzung des Präsidenten des Senates zum Gegenstand hatte, ein individueller Rechtsakt sei; solche Arten von Rechtsakten könnten jedoch nicht der Kontrolle durch den Verfassungsgerichtshof unterliegen, da sie keine rechtlichen Fragen betreffen, die der Kontrolle der Verfassungsmäßigkeit unter Bezugnahme auf die grundlegenden Normen und Grundsätze unterliegen könnten. Dieser Ansatz der Kammer vermag in der Sache nicht besonders zu überzeugen, da hier Fragen der verfassungsrechtlichen Organisation des Senates zumindest tangiert waren.

Überzeugender schien da schon eher die Klarstellung des Verfassungsgerichtshofes, dass dieses Gericht kein Schiedsrichter für politische Konflikte im Parlament werden könne, und insbes. nicht zum Spielball der parlamentarischen Mehrheitskräfte avancieren könne. In der Sache hätte die Kammer jedoch durch eine einschlägige Äußerung im Konkretfall für die korrekte Auslegung der RV sorgen müssen.

---

120 Vgl. im Folgenden Amtsblatt von Rumänien, Teil I, Nr. 478 vom 12. Juli 2012; siehe auch https://www.ccr.ro/wp-content/uploads/2020/10/D0728.pdf (letzter Abruf am 21. Mai 2021).
121 "Nationalliberale Partei".
122 Antrag Nr. 4701 vom 7. Juli 2012, Akte des Verfassungsgerichtshofes Nr. 1205L/2/2012.
123 Entscheidung Nr. 601 vom 14. November 2005, veröffentlicht im Amtsblatt von Rumänien, Teil I, Nr. 1022 vom 17. November 2005.

13) Entscheidung Nr. 729 vom 9. Juli 2012[124]

Der vorliegende Fall ist sehr ähnlich zum vorherigen gestaffelt, da auch die damalige Präsidentin der Abgeordnetenkammer *Roberta Alma Anastase* durch einen einschlägigen Beschluss, hier des Unterhauses (Beschlusses der Abgeordnetenkammer Nr. 25 vom 3. Juli 2012) abgesetzt wurde - in der hiesigen Sache hatte sich der Verfassungsgerichtshof mit einem Antrag auf abstrakt-repressive Prüfung der etwa Verfassungswidrigkeit dieses Beschlusses auseinanderzusetzen, welcher durch 58 Abgeordnete der - sich bei der Beschlussfassung übergangen fühlenden - Nationalliberalen Partei eingebracht worden war.[125]

Konkret moniert wurde abermals eine etwa Verfassungswidrigkeit des Zustandekommens des Beschlusses, angesichts der Notwendigkeit der Einhaltung von Art. 64 Abs. 5 RV bzgl. der internen (auch Abstimmungen betreffenden) parlamentarischen Organisation.

Der Verfassungsgerichtshof konsolidierte auch hier seine bisherige einschlägige Rechtsprechung[126] und stellte im Ergebnis im vorliegenden Fall (bei jedoch nur einer separaten Mindermeinung) fest, dass der angegriffene Beschluss der Abgeordnetenkammer Nr. 25 vom 4. Juli 2012, der die effektive Absetzung der Präsidentin der Abgeordnetenkammer zum Gegenstand hatte, ein individueller Rechtsakt sei; solche Rechtsakte könnten eben nicht der Kontrolle durch diesen Gerichtshof unterliegen, stellten vielmehr politische Manifestationen dar, die keinen normativen Charakter hätten, in dem Sinne, dass sie keine gesetzlichen Regelungen von breiter Anwendbarkeit und allgemeiner Rechtswirkung enthielten oder auf eine bestimmte Kategorie von Rechtssubjekten beschränkt seien, sondern Rechtsakte mit individuellem Charakter und politischem Zweck, um Ernennungen, Entscheidungen oder Validierungen von Funktionen vorzunehmen. Auch dieser Ansatz des Verfassungsgerichtshofes vermag in der Sache nicht besonders zu überzeugen, da hier Fragen der verfassungsrechtlichen Organisation auch des Abgeordnetenhauses zumindest tangiert waren:

---

124 Vgl. im Folgenden Amtsblatt von Rumänien, Teil I, Nr. 480 vom 12. Juli 2012; siehe auch https://www.ccr.ro/wp-content/uploads/2020/10/D0729.pdf (letzter Abruf am 21. Mai 2021).

125 Antrag Nr. 4530 vom 4. Juli 2012, Akte des Verfassungsgerichtshofes Nr. 1178L/2/2012.

126 Entscheidung Nr. 601 vom 14. November 2005, veröffentlicht im Amtsblatt von Rumänien, Teil I, Nr. 1022 vom 17. November 2005.

In der Sache hätte die Kammer durch eine einschlägige Äußerung im Konkretfall für die korrekte Auslegung der RV sorgen müssen.

14) Entscheidung Nr. 730 vom 9. Juli 2012[127]

Auch der hiesige Fall ist im Rahmen der politischen Krise Rumäniens insbes. im Juli des Jahres 2012 zu sehen - vorliegend hatte sich der Verfassungsgerichtshof mit einem Antrag des Präsidenten der Republik (*Băsescu*) auf Beilegung des Rechtskonfliktes verfassungsrechtlicher Art zwischen dem rumänischen Parlament und dem rumänischen Präsidenten auseinanderzusetzen.[128] Am 6. Juli 2012 hatte das Parlament erneut die Absetzung des rumänischen Präsidenten beschlossen, in den Augen des Staatsoberhauptes jedoch eine der wesentlichen Bedingungen hierfür gem. Art. 95 Abs. 1 RV ignoriert: Die Vorgabe einer Verletzung der Verfassung durch den Präsidenten Rumäniens. Eine solche hätte es, in seinen Augen, infolge seiner Tätigkeit nämlich nicht gegeben.

Der Verfassungsgerichtshof lehnte die Zulässigkeit des Antrages ab und stellte im Ergebnis (bei jedoch nur einer separaten Mindermeinung) fest, dass das Parlament nicht daran gehindert werden könne, sein Recht aus insbes. Art. 95 RV auszuüben, den rumänischen Präsidenten zu suspendieren - dies unabhängig von einer einschlägig positiven oder negativen Meinung des Verfassungsgerichtshofes (einer Meinung, die einen streng beratenden Charakter habe, wie in Art. 146 lit. h RV vorgesehen): Denn im Rahmen des in Art. 95 RV geregelten Verfahrens zur Suspendierung des rumänischen Präsidenten erlösche die Rolle des Verfassungsgerichtshofes, sobald diese beratende Stellungnahme abgegeben wurde.

Schon anlässlich des Gutachtens Nr. 1 vom 5. April 2007 zu dem Vorschlag, den rumänischen Präsidenten (*Băsescu*), zu suspendieren,[129] der im Amtsblatt Rumäniens, Teil I, Nr. 258 vom 18. April, veröffentlicht wurde, entschied der Gerichtshof konkret, dass von Aktionen, durch die der rumänische Präsident das Funktionieren von Behörden behindern oder die Verfassungsordnung potentiell stören könnte, abzusehen sei. Auch dieser Ansatz des Verfassungsgerichtshofes vermag jedoch in der Sache nicht besonders zu überzeugen, da auch hier Fragen der verfassungsrechtlichen Organisation des Parlamentes zumindest tangiert waren:

---

127 Vgl. im Folgenden Amtsblatt von Rumänien, Teil I, Nr. 473 vom 11. Juli 2012; siehe auch https://www.ccr.ro/wp-content/uploads/2020/10/D0730.pdf (letzter Abruf am 21. Mai 2021).

128 Antrag Nr. 4698 vom 6. Juli 2012, Akte des Verfassungsgerichtshofes Nr. 1206E/ 2012.

129 Veröffentlicht im Amtsblatt von Rumänien, Teil I, Nr. 258 vom 18. April 2007.

In der Sache hätte die Kammer auch vorliegend durch eine einschlägige Äußerung im Konkretfall für die korrekte Auslegung der RV sorgen müssen - eben nicht zuletzt auch zur weiteren Auslegung der Äußerungsmöglichkeiten des Staatsoberhauptes im Amt.

15) Entscheidung Nr. 732 vom 10. Juli 2012[130]

Ein weiterer Kollateralfall im Rahmen der politischen Krise Rumäniens insbes. im Juli des Jahres 2012 war auch die Absetzung des rumänischen Ombudsman - vorliegend hatte sich der Verfassungsgerichtshof mit einem Antrag von 58 Abgeordneten der Nationalliberalen Partei auf abstrakt-repressive Prüfung der etwa Verfassungswidrigkeit des einschlägigen Parlamentsbeschlusses (Nr. 32 vom 3. Juli 2012) auseinanderzusetzen.[131] *Gheorghe Iancu* war durch diesen Beschluss seines Amtes enthoben worden.

Der Verfassungsgerichtshof lehnte eine etwa Verfassungswidrigkeit vorliegend ab (bei einer separaten Mindermeinung): In seinen Augen sei jedenfalls das Parlament die einzige Behörde, die beurteilen könne, ob die Tätigkeit des Ombudsman in seiner Eigenschaft als Leiter der Institution innerhalb der in der Verfassung (Art. 58 ff. RV) und im Gesetz festgelegten Grenzen oder umgekehrt verletzt würde; folglich stünde nur dem Parlament eine objektive Bewertung auf ausschließlich parlamentarische Weise zu. Da der Beschluss des Parlaments vom 3. Juli 2012 diesbezüglich jedoch etwas vage erscheint, hätte der Verfassungsgerichtshof hier durchaus eine etwa Einhaltung der Art. 58 ff. RV prüfen müssen - dies lag in seinem Prüfungsmaßstab.

---

130 Vgl. im Folgenden Amtsblatt von Rumänien, Teil I, Nr. 480 vom 12. Juli 2012; siehe auch https://www.ccr.ro/wp-content/uploads/2020/10/D0732.pdf (letzter Abruf am 21. Mai 2021).

131 Antrag Nr. 4548 vom 4. Juli 2012, Akte des Verfassungsgerichtshofes Nr. 1179L/2/2012.

16) Entscheidung Nr. 123 vom 5. März 2013[132]

Der vorliegende Fall[133] war für Fragen der Privatisierung des rumänischen Energieversorgungssektors und dem einschlägigen Wettbewerb von hoher Bedeutung. Im Zentrum war die Frage der (präventiv abstrakt zu prüfenden) etwa Verfassungswidrigkeit einschlägiger, noch nicht ausgefertigter Rechtsakte.[134] E.ON Romania - S.R.L. hatte bezüglich der erfolgten Privatisierungsschritte vorab beim Internationalen Schiedsgerichtshof der Internationalen Handelskammer Paris eine Schiedsklage eingebracht.

Hier wurde konkret ein Verstoß gegen das Eigentumsrecht aus Art. 44 RV sowie einschlägiger Restriktionen auf Basis des Art. 53 RV moniert: Art und Weise der erfolgten Privatisierungen erschien dem Mitbewerber als nicht verfassungskonform. Dabei wurden unterschiedliche Situationen und Bedingungen, unter denen die Privatisierung jeweils stattfand, in Bezug auf die unterschiedlichen rechtlichen Situationen von Anlegern verglichen.

Der Verfassungsgerichtshof lehnte den Antrag ab und stellte im Ergebnis fest, dass die monierten Bestimmungen keinen Verstoß gegen die aufgeführten Verfassungsnormen darstellten. In diesem Sinne wurde auch auf ständige Rechtsprechung des Europäischen Gerichtshofs für Menschenrechte in Anwendung von Art. 14 EMRK verwiesen.[135]

Gerade die Festlegung eines Datums, welche Arbeitnehmern für den Erwerb eines Pakets von bis zu 10% der Anteile des jeweils privatisierten Unternehmens gewährt wurde, sah die Kammer als mit dem großen Er-

---

132 Vgl. im Folgenden Amtsblatt von Rumänien, Teil I, Nr. 214 vom 16. April 2013; siehe auch https://www.ccr.ro/wp-content/uploads/2020/10/Decizie_123_2 013.pdf (letzter Abruf am 21. Mai 2021).

133 Akte des Verfassungsgerichtshofes Nr. 1430D/2012.

134 Konkret ging es u.a. um das Gesetz Nr. 147/2008 über die Genehmigung der Notstandsverordnung Nr. 143/2007, der Notstandsverordnung Nr. 116/2008 zur Änderung von Art. 6 Abs. 2 und 4 der Notstandsverordnung Nr. 114/2005 in Bezug auf einige Maßnahmen zur Entwicklung und Vervollständigung der Privatisierung der Tochterunternehmen zur Verteilung und Lieferung von Elektrizität "Electrica Moldova" - S.A. und "Electrica Oltenia" - S.A. (Legea privind aprobarea Ordonanţei de urgenţă a Guvernului nr. 143/2007 pentru modificarea alin. (2) şi (4) ale art. 6 din Ordonanţa de urgenţă a Guvernului nr. 114/2005 privind unele măsuri pentru derularea şi finalizarea privatizării societăţilor comerciale filiale de distribuţie şi furnizare a energiei electrice "Electrica Moldova"- S.A. şi "Electrica Oltenia" - S.A., letztlich veröffentlicht im Amtsblatt von Rumänien, Teil I, Nr. 533 vom 15. Juli 2013).

135 Vgl. etwa EGMR, *Marckx gegen Belgien*, Urteil vom 13. Juni 1979 - 6833/74.

messensspielraum konsequent an, welchen der Staat bei der Umsetzung seiner Wirtschafts- und Sozialpolitik habe. Auf diese Art und Weise stellte der Verfassungsgerichtshof nicht nur die korrekte Interpretation der RV sicher, sondern stärkte auch die notwendige Liberalisierung des rumänischen Energiemarktes.

17) Entscheidung Nr. 204 vom 29. April 2013[136]

Im hiesigen Fall, der auf Basis zweier gleich gelagerter Ausgangscausen durch das jeweilige Untergericht (Berufungsgericht Târgu Mureş respektive Bukarest) im Rahmen der konkreten Normenkontrolle eingebracht wurde,[137] ging es um die Frage der etwa Verfassungswidrigkeit der Bestimmungen des Gesetzes Nr. 176/2010 über die Integrität bei der Ausübung öffentlicher Funktionen zur Änderung und Ergänzung des Gesetzes Nr. 144/2007 über die Einrichtung, Organisation und Funktionsweise der Nationalen Integritätsagentur sowie zur Änderung und Ergänzung anderer normativer Rechtsakte[138].

Hier wurde konkret ein Verstoß gegen das Grundrechts auf intimes, familiäres und privates Leben aus Art. 26 RV durch die gesetzlich vorgeschriebene Veröffentlichung von Interessenserklärungen moniert. Der Verfassungsgerichtshof lehnte den Antrag jedoch ab und stellte im Ergebnis fest, dass die monierten Bestimmungen aufgrund notwendiger Transparenz bei der Ausübung öffentlicher Funktionen keinen Verstoß gegen die aufgeführte Verfassungsnorm darstellten. Unter Bezugnahme auf einschlägige eigene Judikatur[139] machten die Verfassungsrichter richtigerweise deutlich, dass das bezeichnete Grundrecht nicht absolut sei, sondern bestimmten Beschränkungen wegen notwendiger Eingriffe der Behörden unterliege.

Wie der Verfassungsgerichtshof zusätzlich emphatisierte, war das Gesetz über die Integrität bei der Ausübung öffentlicher Funktionen zur Änderung und Ergänzung des Gesetzes Nr. 144/2007 über die Einrichtung, Organisation und Funktionsweise der Nationalen Integritätsagentur sowie zur Änderung und Ergänzung anderer normativer Rechtsakte *a priori* einer Verfassungskonformitätsprüfung unterzogen, die unter Bezugnahme auf

---

136 Vgl. im Folgenden Amtsblatt von Rumänien, Teil I, Nr. 349 vom 13. Juni 2013; siehe auch https://www.ccr.ro/wp-content/uploads/2020/10/Decizie_2 04_2013.pdf (letzter Abruf am 21. Mai 2021).

137 Verbundene Akte des Verfassungsgerichtshofes Nr. 949D/2012 und Nr. 1100D/2012.

138 Legea privind integritatea în exercitarea funcţiilor şi demnităţilor publice, pentru modificarea şi completarea Legii nr. 144/2007 privind înfiinţarea, organizarea şi funcţionarea Agenţiei Naţionale de Integritate, precum şi pentru modificarea şi completarea altor acte normative, veröffentlicht im Amtsblatt von Rumänien, Teil I, Nr. 621 vom 2. September 2010.

139 Entscheidung Nr. 485 vom 2. April 2009, veröffentlicht im Amtsblatt von Rumänien, Teil I, Nr. 289 vom 4. Mai 2009.

die Bestimmungen von Art. 75 Abss. 4,5 RV der ausgeübt worden war.[140] Solcherart wurde auch das entsprechende Produkt der rumänischen Verfassungsrechtsprechung effektiv konsolidiert.

---

140 Entscheidung Nr. 1018 vom 19. Juli 2010, veröffentlicht im Amtsblatt von Rumänien, Teil I, Nr. 511 vom 22. Juli 2010.

18) Entscheidung Nr. 334 vom 26. Juni 2013[141]

Vorliegend ging es um einen, von 83 Abgeordneten verschiedener Fraktionen der Unterkammer eingebrachten,[142] Antrag auf Prüfung der etwa Verfassungswidrigkeit avisierter, neuerer Änderungen des Gesetzes zur Änderung und Ergänzung des Gesetzes Nr. 3/2000 über die Organisation und Durchführung eines Referendums.[143]

Hier wurden insbes. die vom Gesetzgeber geplanten Bestimmungen moniert, welche ein Mindestteilnahmequorum von 30 % vorsahen, was konkret als ein Verstoß gegen das Rechtsstaatsprinzip aus Art. 1 Abs. 5 RV gesehen wurde.

Der Verfassungsgerichtshof lehnte den Antrag (bei zwei separaten Mindermeinungen) jedoch ab und stellte im Ergebnis fest, dass die monierten Bestimmungen keinen Verstoß gegen die aufgeführte Verfassungsnorm darstellten. Daneben entsprächen diese Bestimmungen der Notwendigkeit zur Gewährleistung der Einhaltung des allgemeinen Grundsatzes der Rechtsstabilität bei Referenden gemäß den Empfehlungen des von der Venedig-Kommission angenommenen Verhaltenskodizes, wie auch dem Zusatzprotokoll Nr. 1 zur EMRK und könnten sich evtl. auch auf eine stärkere Beteiligung auswirken.

Auf diese Art und Weise (insbes. auch unter Bezugnahmen auf internationale einschlägige Vorgaben) machte der Verfassungsgerichtshof deutlich, dass er Wahlrechtsmodifikationen, welche sich in seinen Augen als für die demokratische Partizipation förderlich auswirken könnten - worüber man freilich trefflich diskutieren kann - begrüße und insoweit auch die Interpretation der RV vornehme.

---

141 Vgl. im Folgenden Amtsblatt von Rumänien Nr. 407 vom 5. Juli 2013; siehe auch https://www.ccr.ro/wp-content/uploads/2020/10/Decizie_334_2013.pdf (letzter Abruf am 21. Mai 2021).
142 Antrag Nr. 2112 vom 4. Juni 2013, Akte des Verfassungsgerichtshofes Nr. 372A/2013.
143 Siehe bereits Fall 4 der hiesigen Sammlung.

19) Entscheidung Nr. 449 vom 6. November 2013[144]

In diesem Fall, welcher wiederum ein Fall hoher politischer Brisanz war, brachte der Staatspräsident einen Antrag[145] auf (abstrakte *a priori*) Prüfung der etwa Verfassungswidrigkeit der (die entsprechende Rolle des Staatsoberhauptes tangierenden) Bestimmungen der Artikel 2, 3 und 18 des - noch nicht ausgefertigten - Gesetzes (Nr. 373/2013) über die Zusammenarbeit zwischen dem Parlament und der Exekutive im Bereich der europäischen Angelegenheiten[146] ein.

Hier wurde insbes. moniert, dass diese Bestimmungen des Gesetzes, welches dem rumänischen Staatspräsidenten zur Verkündung vorgelegt worden war, gegen das Rechtsstaatsprinzip aus Art. 1 Abs. 5 RV und Art. 147 Abss. 2,4 RV (Notwendige Einhaltung der verfassungsgerichtlichen Judikatur) verstießen, da durch die vorliegenden Bestimmungen gesetzgeberische Lösungen erhalten blieben, die durch die Entscheidung des Verfassungsgerichtshofes Nr. 784 vom 26. September 2012[147] als verfassungswidrig befunden worden seien, welche (Entscheidung) ihrerseits auf der Entscheidung des Verfassungsgerichtshofes Nr. 683 vom 27. Juni 2012[148] beruhte.

Der Verfassungsgerichtshof lehnte den Antrag (bei drei separaten Mindermeinungen) jedoch ab und stellte im Ergebnis fest, dass die monierten Bestimmungen nunmehr durch den Gesetzgeber ausreichend überarbeitet worden seien und mithin keinen Verstoß mehr gegen die aufgeführten Verfassungsnormen darstellen würden. Die Vehemenz der Mindermeinungen (auch den Präsidenten des Verfassungsgerichtshofes inkludierend) ist jedoch ein Indikator dafür, dass diese Mehrheitsentscheidung der Kammer kritisch gesehen werden kann: Dort wurde namentlich unterstrichen, dass der Verfassungsgerichtshof durch das vorliegende Judikat selbst gegen die Bestimmungen von Art. 147 Abs. 4 RV verstoße, da in den Augen der

---

144 Vgl. im Folgenden Amtsblatt von Rumänien, Teil I, Nr. 784 vom 14. Dezember 2013; siehe auch https://www.ccr.ro/wp-content/uploads/2020/10/Decizie_449_2 013.pdf (letzter Abruf am 21. Mai 2021).

145 Antrag Nr. 3792 vom 9. Oktober 2013, Akte des Verfassungsgerichtshofes Nr. 631A/2013.

146 *Legea privind cooperarea dintre Parlament şi Guvern în domeniul afacerilor europene*; letztlich veröffentlicht im Amtsblatt von Rumänien, Teil I, Nr. 820 vom 21. Dezember 2013.

147 Veröffentlicht im Amtsblatt von Rumänien, Teil I, Nr. 701 vom 12. Oktober 2012.

148 Veröffentlicht im Amtsblatt von Rumänien, Teil I, Nr. 479 vom 12. Juli 2012.

unterlegenen Verfassungsrichter der Gesetzgeber keine ausreichenden Änderungen der monierten Bestimmungen vorgenommen hatte.

20) Entscheidung Nr. 511 vom 12. Dezember 2013[149]

In diesem Fall, der durch das entsprechende Strafgericht (Berufungsgericht Timişoara) im Rahmen der konkreten Normenkontrolle eingebracht wurde,[150] ging es um die Frage der etwa Verfassungswidrigkeit der Bestimmungen des kontemporären Art. 125 Abs. 3 des rumänischen Strafgesetzbuches (Codul Penal al României), welches insbes. Verjährungsfristen bestimmter Straftaten strenger regelte, als dies vorher geschah.

Hier wurde konkret ein Verstoß gegen das Grundrecht auf Leben aus Art. 22 Abs. 1 RV moniert; es wurde freilich eingeräumt, dass es das Recht des Gesetzgebers sei, die Verjährungsfristen in Bezug auf soziale Anforderungen und die staatliche Kriminalpolitik zu ändern - das neue Gesetz dürfe jedoch keine negativen Auswirkungen auf bereits laufende Strafverfolgungen haben.

Der Verfassungsgerichtshof lehnte den Antrag jedoch ab und stellte im Ergebnis (bei drei Mindermeinungen) fest, dass die monierte Bestimmung keinen Verstoß gegen die in Abstraktion aufgeführte Verfassungsnorm darstelle. Das Judikat kann aber bereits insoweit kritisch gesehen werden, als dass der Gesetzgeber in der Folgezeit die monierte Bestimmung ersatzlos aus dem Korpus des rumänischen Strafgesetzbuches strich.

---

149 Vgl. im Folgenden Amtsblatt von Rumänien, Teil I, Nr. 75 vom 30. Januar 2014; siehe auch https://www.ccr.ro/wp-content/uploads/2020/10/Decizie_511_2013.pdf (letzter Abruf am 21. Mai 2021).
150 Akte des Verfassungsgerichtshofes Nr. 1096D/2012.

21) Entscheidung Nr. 283 vom 21. Mai 2014[151]

Im vorliegenden Fall, der durch einen einschlägigen Antrag von 83 Abgeordneten der Nationalliberalen Partei eingebracht wurde,[152] ging es um die Frage der etwa Verfassungswidrigkeit von Bestimmungen[153] des - noch nicht ausgefertigten - Gesetzes (Nr. 85/2014) über Insolvenzverhütung und Insolvenzverfahren[154].

Hier wurde konkret vorgebracht, dass zum einen das Gesetz verabschiedet worden sei, ohne insbes. die normtechnische Anforderung bezüglich der Ausarbeitung einer Folgenabschätzung zu berücksichtigen (gem. den Artt. 27 ff. des Gesetzes Nr. 24/2000 in Bezug auf die Normen der Gesetzgebungstechnik für die Ausarbeitung normativer Rechtsakte[155]; letztlich auch entgegen Art. 1 Abs. 5 - Rechtsstaatsklausel - RV). Dies habe in der Sache auch zur Entstehung ungenauer und sogar widersprüchlicher Regeln innerhalb dieses Insolvenzgesetzes geführt; exemplarisch der - in den Augen der Antragsteller - offensichtliche Widerspruch zwischen den Bestimmungen von Abs. 1 und Abs. 10 von Art. 42 des Insolvenzgesetzes, wobei sich Abs. 10 von seinem Inhalt her nicht auf Personen mit Wohnsitz in Rumänien beziehen könne, entgegen des Inhaltes des ersten Satzes von Abs. 1 desselben Artikels. Auch sei insbes. die vom Gesetz lancierte notwendige Zügigkeit des Verfahrens nicht mit der persönlichen Freiheit der Schuldner (insbes. gem. Art. 23 RV) vereinbar.

Der Verfassungsgerichtshof lehnte den Antrag jedoch ab und stellte im Ergebnis fest, dass die monierten Bestimmungen nicht verfassungswidrig seien. In Bezug auf das Caveat zur Form sahen die Verfassungsrichter die notwendigen Essentialia gewahrt (freilich vermag dies nur eingeschränkt zu überzeugen, da die Folgenabschätzung etwas abstrakt erscheint); in-

---

151 Vgl. im Folgenden Amtsblatt von Rumänien, Teil I, Nr. 454 vom 20. Juni 2014; siehe auch https://www.ccr.ro/wp-content/uploads/2020/10/Decizie_2 83_2014.pdf (letzter Abruf am 21. Mai 2021).

152 Antrag Nr. 1699 vom 23. April 2014, Akte des Verfassungsgerichtshofes Nr. 369A/2014.

153 Konkreter Art. 39 Abs. 6, Art. 42 Abss. 1 und 10, Art. 43 Abs. 2, Art. 48 Abss. 1 und 8, Art. 51 Abs. 6, Art. 57 Abs. 6, Art. 59 Abs. 6, Art. 62 Abs. 2, Art. 75 Abs. 4, Art. 77 Abs. 4, Art. 111 Abs. 2 und Art. 160 Abs. 5.

154 Legea privind procedurile de prevenire a insolvenţei şi de insolvenţă; letztlich veröffentlicht im Amtsblatt von Rumänien, Teil I, Nr. 466 vom 25. Juni 2014.

155 Legea privind normele de tehnică legislativă pentru elaborarea actelor normative; veröffentlicht im Amtsblatt von Rumänien, Teil I, Nr. 139 vom 31. März 2000, in der Folge verschiedentlich verändert. Zum Topos hervorragend *Vida, Ioan*, Manual de legistica formală, Bukarest 2000 *(passim)*.

haltlich emphatisierte die Kammer in überzeugender Form, dass der Gesetzgeber das Gleichgewicht zwischen den Interessen von in einem Insolvenzverfahren involvierten Parteien gewahrt und sowohl den Schutz der Interessen des Schuldners als auch des Gläubigers sowie der für die Rechtssicherheit notwendigen Zügigkeit des Verfahrens berücksichtigt habe. Der Gerichtshof stellte insbes. fest, dass eine solche gesetzgeberische Lösung auch die Situation berücksichtige, in der sich der Gläubiger aufgrund des Nichterhaltes ausstehender Beträge in einer schwierigen wirtschaftlichen Situation befinde, was u.U. schwerwiegende Folgen für die ordnungsgemäße Situation der Gesamtwirtschaft habe. Gerade durch letzteres stärkte die Kammer nicht nur die Auslegung des Art. 23 RV sondern auch das notwendige Vertrauen in den rumänischen Markt und seine Rechtssicherheit.

22) Entscheidung Nr. 284 vom 21. Mai 2014[156]

Schon in der hiesigen, nächsten Entscheidung, wurde es wieder hochpolitisch: Durch einen einschlägigen Antrag des Premierministers *Ponta*[157] wurde der Verfassungsgerichtshof um die Beilegung eines mutmaßlichen Rechtskonfliktes verfassungsrechtlicher Art zwischen dem rumänischen Staatspräsidenten (*Băsescu*) und der rumänischen Regierung gebeten.

Hier wurde konkret vorgebracht, dass das Staatsoberhaupt anlässlich öffentlicher Veranstaltungen im Kontext der anstehenden Wahlen zum Europäischen Parlament wiederholt seine Unterstützung für eine bestimmte politische Partei (PMP, Partidul Mişcarea Populară[158]) zum Ausdruck gebracht habe.

Der Verfassungsgerichtshof lehnte den Antrag jedoch ab und stellte im Ergebnis fest, dass ein Rechtskonflikt verfassungsrechtlicher Art zwischen Staatsoberhaupt und Kabinett vorliegend nicht bestehe. Ein solcher Konflikt könne nur innerhalb der engen Grenzen bisheriger Verfassungsgerichtshofs-Judikatur,[159] mithin nur bei tatsächlichen Kompetenzkonflikten zwischen Verfassungsorganen, angenommen werden. Dies ist gewiss nachvollziehbar, da ansonsten eine nur allzu inflationäre entsprechende Anrufung des Verfassungsgerichtshofes zu besorgen wäre. In der Sache selbst ergänzten die Richter nachvollziehbarer Weise, dass die Meinungsfreiheit aus Art. 30 RV allen Rumänen zustünde; jedenfalls sah sich die Kammer aber nicht genötigt, zum Spielball zwischen den beiden Exekutivmächten zu werden.

---

156 Vgl. im Folgenden Amtsblatt von Rumänien, Teil I, Nr. 495 vom 3. Juli 2014; siehe auch https://www.ccr.ro/wp-content/uploads/2020/10/Decizie_284_2 014.pdf (letzter Abruf am 21. Mai 2021).

157 Antrag Nr. 1914 vom 6. Mai 2014, Akte des Verfassungsgerichtshofes Nr. 412E/ 2014.

158 "Partei der Bewegung des Volkes".

159 Entscheidung Nr. 97 von 7. Februar 2008, veröffentlicht im Amtsblatt von Rumänien, Teil I, Nr. 169 vom 5. März 2008, oder Entscheidung Nr. 270 vom 10. März 2008, veröffentlicht im Amtsblatt von Rumänien, Teil I, Nr. 290 vom 15. April 2008.

23) Entscheidung Nr. 460 vom 16. September 2014[160]

Auch dieses Judikat hatte einen hochpolitischen Hintergrund: Durch das Bukarester Berufungsgericht wurde der Verfassungsgerichtshof gebeten,[161] im Zuge einer konkreten Normenkontrolle eine etwa Verfassungswidrigkeit von Bestimmungen[162] der staatlichen Notstandsverordnung Nr. 45/2014 zur Änderung und Ergänzung des Gesetzes Nr. 370/2004 für die Wahl des Präsidenten von Rumänien[163] zu prüfen.

Hier wurde konkret eine Verletzung von Art. 115 Abs. 4 RV vorgebracht, welcher einer Regierung nur in tatsächlichen Notstandsituationen[164] eine entsprechende Rechtsetzung erlaube - dies habe bei der Verabschiedung der Notstandsverordnung Nr. 45/2014 nicht vorgelegen.

Der Verfassungsgerichtshof lehnte den Antrag allerdings ab und stellte im Ergebnis (bei drei separaten Mindermeinungen) fest, dass eine Verfassungswidrigkeit in diesem Fall nicht vorliege. Es seien mithin die Bestimmungen von Art. 115 Abs. 4 RV in diesem Fall nicht verletzt worden, da die von der Regierung angeführten Aspekte zur Regulierung (insbes. Vorgaben für Präsidentschaftskandidaten und deren Nominierung) nicht verschoben werden könnten. Dies ist freilich zu einem gewissen Grade nachvollziehbar, da die Präsidentschaftswahl am 2./16. November 2014 stattfand: Eine Notsituation war jedoch nicht erkennbar.

In der Sache überzeugender war indes die Ansicht der Verfassungsrichter, dass die Änderungen des Gesetzes Nr. 370/2004 durch die kritisierte Notstandsverordnung der Regierung nicht substanziell seien, was nicht zuletzt auch zu einer Nichteinhaltung der Bestimmungen des Kodizes für bewährte Praktiken in Wahlangelegenheiten hätte führen können, die von der Venedig-Kommission verabschiedet wurden.

---

160 Vgl. im Folgenden Amtsblatt von Rumänien, Teil I, Nr. 738 vom 9. Oktober 2014; siehe auch https://www.ccr.ro/wp-content/uploads/2020/10/Decizie_460_2 014.pdf (letzter Abruf am 21. Mai 2021).

161 Akte des Verfassungsgerichtshofes Nr. 800D/2014.

162 Art. I Punkt 2, Punkt 7, Punkt 10 und Punkt 15.

163 Ordonanța de urgență a Guvernului nr.45/2014 privind modificarea și completarea Legii nr.370/2004 pentru alegerea Președintelui României; veröffentlicht im Amtsblatt von Rumänien, Teil I, Nr. 475 vom 27. Juni 2014.

164 Zum Topos allgemein sehr plastisch bereits *Constantinescu, Mihai*, Conținutul ordonanței de urgență a Guvernului, in: Dreptul 8/1998, S. 30-35; *Vida, Ioan*, Delegarea legislativă, in: Studii de drept românesc 3-4/1999, S. 239-265; ebenso *Muraru, Ioan / Constantinescu, Mihai*, Ordonanța guvernamentală: doctrină și jurisprudență, Bukarest 2000 *(passim)*; *Deleanu, Ion*, Delegarea legislativă - ordonanțele de urgentă ale Guvernului, in: Dreptul 9/2000, S. 9-18.

24) Entscheidung Nr. 711 vom 27. Oktober 2015[165]

Abermals war in diesem Fall das rumänische Strafgesetzbuch im Focus der verfassungsgerichtlichen Rechtsprechung. Durch das Bukarester Berufungsgericht wurde der Verfassungsgerichtshof gebeten,[166] im Rahmen einer konkreten Normenkontrolle eine etwa Verfassungswidrigkeit des Art. 39 Abs. 1 lit. b des Strafgesetzbuches zu prüfen.

Hier wurde konkret eine Verletzung der persönlichen Freiheit eines Inhaftierten (aus Art. 23 RV) vorgebracht, da das in der monierten Bestimmung mitgeregelte System der gesetzlichen Kumulierung zur Sanktionierung von Verbrechen vorliegend mutmaßlich zu einer längeren Strafe für die betreffende Person führte.

Der Verfassungsgerichtshof stellte jedoch im Ergebnis fest, dass eine Verfassungswidrigkeit in diesem Fall nicht vorliege. Die individuelle Freiheit sei in den Augen der Verfassungsrichter nicht absolut, da sie erforderlicher Weise zwischen den durch die Rechtsstaatlichkeit festgelegten Koordinaten ausgeübt werden müsse, so dass ein Verstoß gegen die Rechtsstaatlichkeitsregeln den Gesetzgeber dazu ermächtige, je nach Schwere des kriminellen Verhaltens die Strafvorschriften zu regulieren. Diese strafrechtlichen Bestimmungen müssten jedoch streng abgegrenzt und konditioniert werden, was die Verfassungsrichter vorliegend annahmen. Auf diese Art und Weise konsolidierte die Kammer die einschlägige strafgesetzliche Bestimmung, emphatisierte jedoch gleichsam den Kern des Art. 23 RV.

---

165 Vgl. im Folgenden Amtsblatt von Rumänien, Teil I, Nr. 913 vom 9. Dezember 2015; siehe auch https://www.ccr.ro/wp-content/uploads/2020/10/Decizie_711_2015.pdf (letzter Abruf am 21. Mai 2021).
166 Akte des Verfassungsgerichtshofes Nr. 675D/2015.

25) Entscheidung Nr. 799 vom 18. November 2015[167]

In diesem Fall hatten 31 Senatoren beim Verfassungsgerichtshof bean-tragt,[168] eine etwa Verfassungswidrigkeit avisierter Gesetzesänderungen betreffend die Modalitäten der Briefwahl, hinsichtlich des Gesetzes Nr. 208/2015 über die Wahl des Senats und der Abgeordnetenkammer[169] zu prüfen.

Hier wurde konkret eine potentielle Verletzung der Fairness demokrati-scher Wahlen (aus der Gesamtschau der Art. 2 Abs. 1, Art. 16 Abs. 1 und Art. 62 Abs. 1 und 3 RV) vorgebracht: rumänische Staatsbürger mit Wohn-sitz im Ausland, die per Post abstimmen möchten, hätten demgemäß andere Rechte als rumänische Staatsbürger mit Wohnsitz im Lande, denn letztere könnten nur wählen, wenn sie sich am Tag der Abstimmung in dem Wahlkreis befänden, in dem sie ihren Wohnsitz haben. Rumänische Staatsbürger mit Wohnsitz im Ausland könnten ihre Briefwahlstimmen senden, ganz unabhängig davon, wo sie sich zum Zeitpunkt der Wahl befänden.

Der Verfassungsgerichtshof stellte jedoch im Ergebnis fest, dass eine Verfassungswidrigkeit in diesem Fall nicht vorliege. Die Richter sahen richtigerweise keine Verletzung der angeführten Verfassungsnormen als gegeben an, da insbes. rumänische Staatsbürger mit Wohnsitz im Ausland fern der Heimat nur unter Schwierigkeiten am demokratischen Prozess in Rumänien teilhaben könnten und dies insoweit absolut förderungswürdig erschien. Die Entscheidung erscheint aufgrund der relativ hohen Zahl an Auslandsrumänen gewiss als für demokratische Volkswahlen und ihre Durchführung im Lande konsolidierend.

---

167 Vgl. im Folgenden Amtsblatt von Rumänien, Teil I, Nr. 862 vom 19. November 2015; siehe auch https://www.ccr.ro/wp-content/uploads/2020/10/Decizie_799_2 015.pdf (letzter Abruf am 21. Mai 2021).

168 Antrag Nr. 5953 vom 3. November 2015, Akte des Verfassungsgerichtshofes Nr. 1590A/2015.

169 Legea privind alegerea Senatului şi a Camerei Deputaţilor, precum şi pentru organizarea şi funcţionarea Autorităţii Electorale Permanente, zunächst veröf-fentlicht im Amtsblatt von Rumänien, Teil I, Nr. 553 vom 24. Juli 2015.

26) Entscheidung Nr. 580 vom 20. Juli 2016[170]

Vorliegend hatte der Senat Rumäniens beim Verfassungsgerichtshof beantragt,[171] eine etwa (abstrakte und präventive) Verfassungskonformitätsprüfung der Bürger-Gesetzgebungsinitiative mit dem Titel "Gesetz zur Über-
arbeitung der rumänischen Verfassung"[172] vorzunehmen. Diese Initiative
zielte insbes. auf Modifikationen des Eherechts angesichts Art. 26 und 48
RV.

Hier wurde konkret eine mögliche Verletzung der Art. 150 (Vorgaben
der Mindestanzahl von Unterschriften für eine Bürger-Gesetzgebungsinitiative) und 152 RV (Irreversibilität u.a. von Grundrechten) überprüft:
Der Verfassungsgerichtshof stellte jedoch im Ergebnis fest, dass in diesem
Fall die bezeichneten Verfassungsartikel absolut eingehalten worden sei-
en: Mit Bezugnahme auch auf das Europarecht emphatisierten die Verfassungsrichter, dass die Mitgliedstaaten die ausschließliche Befugnis hätten,
Rechtsvorschriften zu familienrechtlichen Institutionen zu erlassen, mit
Ausnahme einiger weniger Angelegenheiten mit grenzüberschreitenden
Auswirkungen, um die justizielle Zusammenarbeit in Zivilsachen sicherzustellen. Insbes. in Bezug auf die Ehe wurde insoweit auch auf Judikatur
des EuGH[173] verwiesen.

Die Verfassungsrichter Rumäniens sahen richtigerweise[174] keine Verletzung der angeführten Verfassungsnormen als gegeben an, da zum einen
das notwendige Quorum eingehalten worden war, zum anderen die durch
die Bürgerinitiative avisierten Änderungen in den Augen der Richter im
Ergebnis nicht den Kern des entsprechenden Grundrechtes berührten, sondern insbes. auf sozialrechtliche Fragen des Versorgungsausgleiches abziel-
ten. Die Entscheidung erscheint als für Art und Weise der Durchführung
von gesetzlichen Bürgerinitiativen wie auch für den Grundrechtsschutz *in
concreto* konsolidierend.

---

170 Vgl. im Folgenden Amtsblatt von Rumänien, Teil I, Nr. 857 vom 27. Oktober
2016; siehe auch https://www.ccr.ro/wp-content/uploads/2020/10/Decizie_580_2
016.pdf (letzter Abruf am 21. Mai 2021).
171 Antrag Nr. 5978 vom 27. Juni 2016.
172 Lege de revizuire a Constituţiei României.
173 Etwa EuGH, Urteil vom 01. April 2008, Rs. C-267/06, *Tadao Maruko gegen Ver-
sorgungsanstalt der deutschen Bühnen*, ECLI:EU:C:2008:179.
174 Vgl. zum Topos allgemeiner *Deleanu, Ion*, Revizuirea Constituţiei - propunerea
legislativă a cet ăţenilor, in: Dreptul 11/2000, S. 3-13.

27) Entscheidung Nr. 63 vom 8. Februar 2017[175]

In diesem Fall baten der Staatspräsident respektive der Präsident des Obersten Rates der Magistratur den Verfassungsgerichtshof,[176] etwa Rechtsstreitigkeiten verfassungsrechtlicher Art zwischen der rumänischen Regierung einerseits und dem rumänischen Parlament andererseits sowie zwischen der Regierung und dem Obersten Rat der Magistratur andererseits aufzulösen. Die beiden Anträge wurden aufgrund ihrer staatsrechtlichen Besonderheit durch den Verfassungsgerichtshof in verbundener Form abgehandelt. Hintergrund war die Verabschiedung einer Notstandsverordnung[177] durch das Kabinett, welche auch Interessen der rumänischen Justiz tangierte.

Hier wurde konkret eine mögliche Verletzung des Art. 115 RV (Vorgaben zur Verabschiedung solcher Notstandsverordnungen) moniert: Unter Einbezug einschlägiger eigener Judikatur[178] konsolidierte der Verfassungsgerichtshof die verfassungsrechtlichen Vorgaben für die Verabschiedung entsprechender Verordnungen und stellte im Ergebnis (bei einer separaten Sondermeinung) fest, dass in diesem Fall keine Rechtsstreitigkeiten verfassungsrechtlicher Natur vorliegen würden. Dies war unter Bezugnahme auf die enge Lesart solcher Streitigkeiten durch den Verfassungsgerichtshof in der Vergangenheit[179] sehr konsequent. Auch sah man korrekterweise keine Verletzung des Art. 115 RV als gegeben an, da dies in der Sache eine Art der Zusammenarbeit zwischen dem Parlament und der Regierung

---

175 Vgl. im Folgenden Amtsblatt von Rumänien, Teil I, Nr. 145 vom 27. Februar 2017; siehe auch https://www.ccr.ro/wp-content/uploads/2020/10/Decizie_63_20 17.pdf (letzter Abruf am 21. Mai 2021).

176 Antrag Nr. 1556 vom 1. Februar 2017, Akte des Verfassungsgerichtshofes Nr. 349E/2017 sowie 359E/2017.

177 Notstandsverordnung der Regierung Nr. 13/2017 zur Änderung und Vervollständigung des Gesetzes Nr. 286/20200 über das Strafgesetzbuch und des Gesetzes Nr. 135/2010 über die Strafprozessordnung; Ordonanței de urgentă a Guvernului nr.13/2017 pentru modificarea și completarea Legii nr.286/2009 privind Codul penal și a Legii nr.135/2010 privind Codul de procedură penală; veröffentlicht im Amtsblatt von Rumänien, Teil I, Nr. 92 vom 1. Februar 2017.

178 Entscheidung Nr. 5/2001, veröffentlicht im Amtsblatt von Rumänien, Teil I, Nr. 94 vom 23. Februar 2001; Entscheidung Nr. 173/2001, veröffentlicht im Amtsblatt von Rumänien, Teil I, Nr. 500 vom 24. August 2001; Entscheidung Nr. 260/2001, veröffentlicht im Amtsblatt von Rumänien, Teil I, Nr. 3 vom 7. Januar 2002; Entscheidung Nr. 46/2002, veröffentlicht im Amtsblatt von Rumänien, Teil I, Nr. 218 vom 1. April 2002; sowie Entscheidung Nr. 258/2006, veröffentlicht im Amtsblatt von Rumänien, Teil I, Nr. 341 vom 17. April 2006.

179 Siehe oben, insbes. Fall 22.

darstelle, bei der die Regierung unter bestimmten Bedingungen eine gesetzgeberische Funktion ausüben könne.[180]

---

180 Vgl. etwa *Constantinescu, Mihai / Deleanu, Ioan / Iorgovan, Antonie / Muraru,
Ioan / Vasilescu, Florin / Vida, Ioan,* Constituţia României, comentată şi adnotată,
Bukarest 1992, S. 254 (hier zitiert nach der vorliegenden Entscheidung).

28) Entscheidung Nr. 64 vom 9. Februar 2017[181]

Materiell denselben Rechtsakt wie der vorherige Fall betreffend, beantragte[182] hier der Ombudsman Rumäniens beim Verfassungsgerichtshof die (konkrete Normenkontroll-)Prüfung einer etwa Verfassungswidrigkeit der Bestimmungen der Notstandsverordnung Nr. 13/2017 zur Änderung und Ergänzung des Gesetzes Nr. 286/2009 über das Strafgesetzbuch und des Gesetzes Nr. 135/2010 über die Strafprozessordnung Rumäniens[183]. Inhaltlich ging es hier insbes. um die normative Neudefinition des Amtsmissbrauches.

Hier wurde konkret erneut eine mögliche Verletzung des Art. 115 RV (Vorgaben zur Verabschiedung solcher Notstandsverordnungen) moniert; ferner wurde Kritik hinsichtlich einer mutmaßlichen materiellen Verfassungswidrigkeit durch die Verletzung insbes. der Art. 1 Abs. 3 (Demokratie- und Sozialstaatsgarantie) und Art. 16 Abss. 1 und 3 (Gleichheitsgrundsatz) RV geäußert.

In Bezug auf eine potentielle formelle Verfassungswidrigkeit sah der Verfassungsgerichtshof *in praxi* die gem. Art. 115 Abs. 4 RV notwendige Dringlichkeit für die Verabschiedung des hier monierten Rechtsaktes als gegeben an. Hierüber lässt sich freilich trefflich streiten, da Strafnormen aufgrund ihrer Schwere in der Regel wohlüberlegte Schritte des Gesetzgebers erfordern. In Bezug auf das Vorbringen einer etwa materiellen Verfassungswidrigkeit sahen die Verfassungsrichter (bei zwei separaten Sondermeinungen) zutreffender Weise keine Verletzung der angeführten Verfassungsnormen als gegeben an, was zugunsten der notwendigen Rechtsklarheit als zustimmungsfähig erscheint, jedoch in der Wissenschaft auch vehemente Kritik erfahren hat.[184]

---

181 Vgl. im Folgenden Amtsblatt von Rumänien, Teil I, Nr. 145 vom 27. Februar 2017; siehe auch https://www.ccr.ro/wp-content/uploads/2020/10/Decizie_64_20 17.pdf (letzter Abruf am 21. Mai 2021).

182 Akte des Verfassungsgerichtshofes Nr. 374D/2017.

183 Siehe diesbezüglich bereits Fall 27.

184 Vgl. etwa *Selejan-Gutan, Bianca*, 'We Don't Need No Constitution' – On a Sad EU Membership Anniversary in Romania, VerfBlog, 2017/2/01, https://verfassun gsblog.de/we-dont-need-no-constitution-on-a-sad-eu-membership-anniversary-in -romania/, DOI: 10.17176/20170201-170532 (letzter Abruf am 21. Mai 2021).

29) Entscheidung Nr. 304 vom 4. Mai 2017[185]

Auch vorliegend beantragte[186] der Ombudsman Rumäniens beim Verfassungsgerichtshof die (konkrete Normenkontroll-)Prüfung einer etwa Verfassungswidrigkeit, nunmehr der Bestimmung von Art. 2 des Gesetzes Nr. 90/2001 über die Organisation und Arbeitsweise der rumänischen Regierung[187]; konkret bezogen auf die - in seinen Augen - zu abstrakte Formulierung der Vorgabe, dass *in concreto* Regierungsmitglieder nicht vorbestraft sein dürften.

Hier wurde konkret eine mögliche Verletzung des Art. 15 RV (Universalität der Grundrechte) moniert.

Vorliegend nahm der Verfassungsgerichtshof jedoch, unter Einbezug eigener vorheriger Rechtsprechung[188] und bei vier separaten Sondermeinungen keine Verfassungswidrigkeit wahr. Dies gewiss zutreffender Weise, denn durch die entsprechende Vorgabe wurde nicht nur sichergestellt, dass die Zusammensetzung eines Regierungskabinetts das nötige Vertrauen auch der Bevölkerung nicht verliert - auch im Verwaltungsrecht gibt es daneben einschlägige Vorgaben hinsichtlich der Amtsbesetzung. Insoweit sahen die Verfassungsrichter vollkommen richtig keinerlei Verletzung, sondern eher eine Konsolidierung des Art. 15 RV als gegeben an.

---

185 Vgl. im Folgenden Amtsblatt von Rumänien, Teil I, Nr. 520 vom 5. Juli 2017; siehe auch https://www.ccr.ro/wp-content/uploads/2020/10/Decizie_304_2017.pdf (letzter Abruf am 21. Mai 2021).

186 Akte des Verfassungsgerichtshofes Nr. 32D/2017.

187 Legea privind organizarea şi funcţionarea Guvernului României (...); veröffentlicht im Amtsblatt von Rumänien, Teil I, Nr. 164 vom 2. April 2001.

188 Etwa Entscheidung Nr. 1 vom 17. Januar 1995, veröffentlicht im Amtsblatt von Rumänien, Teil I, Nr. 16 vom 26. Januar 1995; Entscheidung Nr. 1 vom 10. Januar 2014, veröffentlicht im Amtsblatt von Rumänien, Teil I, Nr. 123 vom 19. Februar 2014, dort konkret Rdnr. 251.

30) Entscheidung Nr. 411 vom 14. Juni 2017[189]

In diesem Fall beantragten[190] 81 Abgeordnete von zwei parlamentarischen Oppositionsfraktionen (darunter die Nationalliberale Partei) beim Verfassungsgerichtshof die Prüfung einer etwa Verfassungswidrigkeit vom Gesetzgeber avisierter Änderungen von Artikel 9 des Gesetzes Nr. 96/2006 über das Statut der Abgeordneten und Senatoren[191].

Hier wurde zum einen eine etwa formelle Verfassungswidrigkeit moniert, da in den Augen der Antragsteller die Rechtsstaatsklausel aus Art. 1 Abs. 5 RV (wie im übrigen auch Art. 61 des Gesetzes Nr. 24/2000 über die Normen der Gesetzgebungstechnik für die Ausarbeitung von normativen Rechtsakten[192]) schon durch die allzu abstrakte Gesetzesformulierung verletzt worden sei. Inhaltlich stieß man sich an der verfassungsrechtlichen Zulässigkeit (angesichts Artt. 61 ff. RV) der im monierten Gesetzestext vorgesehenen Regeln u.a. zur parlamentarischen Immunität, weiterer Rechte und Pflichten von Abgeordneten und Senatoren sowie des für diese geltenden Disziplinarregimes.

In Bezug auf eine potentielle formelle Verfassungswidrigkeit sah der Verfassungsgerichtshof *in praxi* keine Verfassungswidrigkeit als gegeben an; auch in materieller Hinsicht bejahten die Verfassungsrichter die Konformität zu den konstitutionellen Strukturvorgaben und internen Organisationselementen des Parlaments. Solcherart gelang es der Kammer, die Rechtssicherheit bzgl. der internen Organisation des Hohen Hauses zu gewährleisten.

---

189 Vgl. im Folgenden Amtsblatt von Rumänien, Teil I, Nr. 588 vom 21. Juli 2017; siehe auch https://www.ccr.ro/wp-content/uploads/2020/10/Decizie_411_ 2017.pdf (letzter Abruf am 21. Mai 2021).

190 Antrag Nr. 6065 vom 15. Mai 2017, Akte des Verfassungsgerichtshofes Nr. 1717A/2017.

191 Legea privind Statutul deputaților și al senatorilor; ursprünglich veröffentlicht im Amtsblatt von Rumänien, Teil I, Nr. 418 vom 15. Mai 2006.

192 Siehe bereits oben, Fall 21.

31) Entscheidung Nr. 515 vom 5. Juli 2017[193]

Vorliegend beantragten[194] 51 Abgeordnete, abermals von zwei parlamentarischen Oppositionsfraktionen (darunter die Nationalliberale Partei) beim Verfassungsgerichtshof die Prüfung einer etwa Verfassungswidrigkeit vom Gesetzgeber avisierter Änderungen des Gesetzes Nr. 254/2013 über die Vollstreckung von Strafen[195].

Hier wurde zum einen eine etwa formelle Verfassungswidrigkeit moniert, da gemäß den Antragstellern die Rechtsstaatsklausel aus Art. 1 Abs. 5 RV schon durch die in ihren Augen nicht ausreichende Involvierung beider parlamentarischen Kammern bei der Gesetzesverabschiedung verletzt worden sei. Materiell stieß man sich an der verfassungsrechtlichen Zulässigkeit (angesichts des Gleichheitsgrundsatzes aus Art. 16 RV) der im monierten Gesetzestext vorgesehenen Regeln, welche die Reduktion von Haftstrafen bei faktisch besonders widrigen Haftbedingungen vorsahen.

In Bezug auf eine potentielle formelle Verfassungswidrigkeit sah der Verfassungsgerichtshof *in praxi* keine Verfassungswidrigkeit als gegeben an; auch in materieller Hinsicht bejahten die Verfassungsrichter die Konformität zu den konstitutionellen Vorgaben: Insbes. emphatisierten die Richter - dies zutreffend - dass dieses Gesetz, welches Gegenstand der angeführten Monita war, von der rumänischen Regierung initiiert worden sei und eben darauf abziele, die Lebensbedingungen von strafrechtlich Verurteilten (welche Freiheitsstrafen in Haft verbüßten) durch eine besondere Reduktionsmöglichkeit zu verbessern, und gleichsam den Überfüllungsgrad der Strafanstalten, in denen diese untergebracht sind, zu verringern. Insoweit wurde durch die Verfassungsrichter die Möglichkeit der beschleunigten Freilassung von Häftlingen aus entsprechenden Gefängnissen angesichts faktisch besonders widriger Haftbedingungen, welche das Gesetz eben konkretisiert, begrüßt. Solcherart gelang es der Kammer nicht zuletzt, einen Beitrag zur Modernisierung des rumänischen Strafvollzuges zu leisten.

---

193 Vgl. im Folgenden Amtsblatt von Rumänien, Teil I, Nr. 596 vom 25. Juli 2017; siehe auch https://www.ccr.ro/wp-content/uploads/2020/10/Decizie_515_2 017.pdf (letzter Abruf am 21. Mai 2021).

194 Antrag Nr. 6099 vom 16. Mai 2017, Akte des Verfassungsgerichtshofes Nr. 1728A/2017.

195 Legea privind executarea pedepselor (...), ursprünglich veröffentlicht im Amtsblatt von Rumänien, Teil I, Nr. 514 vom 14. August 2013.

32) Entscheidung Nr. 52 vom 1. Februar 2018[196]

In diesem Fall beantragten[197] 52 Abgeordnete, abermals von parlamentarischen Oppositionsfraktionen, beim Verfassungsgerichtshof erneut[198] die abstrakt-präventive Prüfung einer etwa Verfassungswidrigkeit avisierter Änderungen des Gesetzes Nr. 176/2010 über die Integrität bei der Ausübung öffentlicher Funktionen zur Änderung und Ergänzung des Gesetzes Nr. 144/2007 über die Einrichtung, Organisation und Funktionsweise der Nationalen Integritätsagentur sowie zur Änderung und Ergänzung anderer normativer Rechtsakte[199].

Hier wurde zum einen eine etwa formelle Verfassungswidrigkeit moniert, da gemäß den Antragstellern die Rechtsstaatsklausel aus Art. 1 Abs. 5 RV schon durch die in ihren Augen sehr abstrakte Gesetzesformulierung verletzt worden sei. Ferner wurde die Behauptung hervorgebracht, dass das monierte Gesetz nichts mit dem Gegenstand zu tun habe, wie er aus dem Titel des Gesetzes hervorgehe - und dass vielmehr die Auswirkungen von Verboten gegen Abgeordnete und Senatoren, die sich (durch Abschlussberichte der Nationalen Integritätsagentur in den Jahren 2007-2013 erwiesenermaßen) in Situationen nicht zulässiger Interessenskonflikte befanden, rückwirkend aufgehoben würden. Solcherart sah man nicht zuletzt die grundrechtliche Universalitätsklausel aus Art. 15 RV als verletzt an.

In Bezug auf eine potentielle formelle Verfassungswidrigkeit sah der Verfassungsgerichtshof auch hier keine Verfassungswidrigkeit als gegeben an; in materieller Hinsicht bejahten die Verfassungsrichter (bei freilich drei separaten Mindermeinungen) ebenso die Konformität zu den konstitutionellen Vorgaben: Die Richter - dies erscheint zutreffend - erkannten keine Verletzung der grundrechtlichen Universalitätsklausel, da dieses Gesetz in der Tat konkret vorsehe, unter welchen Bedingungen eine entsprechende Aufhebung geschehen könne.

---

196 Vgl. im Folgenden Amtsblatt von Rumänien, Teil I, Nr. 206 vom 7. März 2018; siehe auch https://www.ccr.ro/wp-content/uploads/2020/10/Decizie_52_2018.pdf (letzter Abruf am 21. Mai 2021).

197 Antrag Nr. 12479 vom 20. Dezember 2017, Akte des Verfassungsgerichtshofes Nr. 2949A/2017.

198 Siehe zum Vergleich auch oben, Fall 17.

199 Vgl. ibid.

33) Entscheidung Nr. 250 vom 19. April 2018[200]

Im vorliegenden Fall beantragten[201] 89 Abgeordnete, abermals von zwei parlamentarischen Oppositionsfraktionen (darunter die Nationalliberale Partei) beim Verfassungsgerichtshof die Prüfung einer etwa Verfassungswidrigkeit avisierter Änderungen des Gesetzes Nr. 304/2004 über die Gerichtliche Organisation[202].

Hier wurde insbes. eine etwa formelle Verfassungswidrigkeit moniert, da in den Augen der Antragsteller die Rechtsstaatsklausel aus Art. 1 Abs. 5 RV, aber auch die konstitutionellen Vorgaben zur internen parlamentarischen Organisation (Artt. 61 ff. RV) schon durch die in ihren Augen nicht ausreichende Involvierung aller parlamentarischen Fraktionen bei der Gesetzesgenese verletzt worden seien. Ferner sei der Charakter des Gesetzes nicht mit einer Gesetzesverabschiedung im Rahmen der organischen Gesetzgebung aus Art. 76 RV vereinbar.

In Bezug auf eine potentielle formelle Verfassungswidrigkeit sah der Verfassungsgerichtshof *in praxi* auch hier keine Verfassungswidrigkeit als gegeben an; die Verfassungsrichter räumten vielmehr ein (dies als ein veritables *obiter dictum*), dass das vorliegende Gesetz in Gänze als verfassungskonform einzustufen sei, wozu sich die Kammer im Vorfeld der Gesetzesverabschiedung anderer Meinung gezeigt hatte.[203]

---

200 Vgl. im Folgenden Amtsblatt von Rumänien, Teil I, Nr. 378 vom 3. Mai 2018; siehe auch https://www.ccr.ro/wp-content/uploads/2020/10/Decizie_251_2018.pdf (letzter Abruf am 21. Mai 2021).

201 Antrag Nr. 2439 vom 29. März 2018, Akte des Verfassungsgerichtshofes Nr. 459A/2018.

202 Legea privind organizarea judiciară; ursprünglich veröffentlicht im Amtsblatt von Rumänien, Teil I, Nr. 576 vom 29. Juni 2004.

203 Entscheidung Nr. 33 vom 23. Januar 2018, veröffentlicht im Amtsblatt von Rumänien, Teil I, Nr. 146 vom 15. Februar 2018.

34) Entscheidung Nr. 251 vom 19. April 2018[204]

In diesem Fall beantragten[205] dieselben 89 Abgeordneten des vorangehenden Falles (wiederum zwei parlamentarischen Oppositionsfraktionen, darunter der Nationalliberalen Partei, zugehörig) beim Verfassungsgerichtshof die Prüfung auch einer etwa Verfassungswidrigkeit avisierter Änderungen des Gesetzes Nr. 317/2004 über den Obersten Rat der Magistratur[206].

Auch hier wurde insbes. eine etwa formelle Verfassungswidrigkeit vorgebracht, da nach Ansicht der Antragsteller abermals die Rechtsstaatsklausel aus Art. 1 Abs. 5 RV, aber auch die konstitutionellen Vorgaben zur internen parlamentarischen Organisation (Artt. 61 ff. RV) schon durch die in ihren Augen nicht ausreichende Involvierung aller parlamentarischen Fraktionen bei der Gesetzesgenese verletzt worden seien.

Hinsichtlich einer potentiellen formellen Verfassungswidrigkeit sah der Verfassungsgerichtshof auch hier keine solche als gegeben an; die Verfassungsrichter räumten vielmehr ein (dies erneut als ein, die Kontinuität seiner Judikatur unterstreichendes, *obiter dictum*), dass das vorliegende Gesetz in Gänze als verfassungskonform einzustufen sei, wozu sich die Kammer im Vorfeld der Gesetzesverabschiedung ebenso anderer Meinung gezeigt hatte.[207] Es erscheint vorliegend, wie auch im direkt vorangehenden Fall, als vernünftig, dass die Verfassungsrichter der Gefahr aus dem Wege gingen, ein Spielball der parlamentarischen Fraktionen zu werden.

---

204 Vgl. im Folgenden Amtsblatt von Rumänien, Teil I, Nr. 384 vom 4. Mai 2018; siehe auch https://www.ccr.ro/wp-content/uploads/2020/10/Decizie_250_2 018.pdf (letzter Abruf am 21. Mai 2021).

205 Antrag Nr. 2440 vom 29. März 2018, Akte des Verfassungsgerichtshofes Nr. 460A/2018.

206 Legea privind Consiliul Superior al Magistraturii; ursprünglich veröffentlicht im Amtsblatt von Rumänien, Teil I, Nr. 599 vom 2. Juli 2004.

207 Entscheidung Nr. 61 vom 13. Februar 2018, veröffentlicht im Amtsblatt von Rumänien, Teil I, Nr. 204 vom 6. März 2018. Siehe auch Entscheidung Nr. 45 vom 30. Januar 2018, veröffentlicht im Amtsblatt von Rumänien, Teil I, Nr. 199 vom 5. März 2018.

35) Entscheidung Nr. 127 vom 6. März 2019[208]

In diesem Fall, welcher haushaltsrechtlich von besonderer Bedeutung war, beantragte[209] der Staatspräsident Rumäniens (*Klaus Iohannis*) beim Verfassungsgerichtshof vor Ausfertigung die Prüfung einer etwa Verfassungswidrigkeit des Haushaltsgesetzes für 2019[210].

Hier wurde insbes. eine etwa formelle Verfassungswidrigkeit moniert, da in den Augen des Staatsoberhauptes die Rechtsstaatsklausel aus Art. 1 Abs. 5 RV insofern verletzt worden sei, als dass der zuständige Fiskalrat - dem Antragsteller nach - nicht ausreichend in die Gesetzesgenese involviert worden sei. Materiell stieß sich der Antragsteller an den in seinen Augen sozialrechtlich (schon angesichts der aus Art. 1 Abs. 3 RV hervorgehenden einschlägigen Garantie) verheerenden Auswirkungen vorgesehener Kürzungen der Staatsausgaben.

In Bezug auf eine potentielle formelle Verfassungswidrigkeit sah der Verfassungsgerichtshof auch hier (bei einer separaten Mindermeinung) keine Verfassungswidrigkeit als gegeben an; gleiches galt für eine etwa materielle Verfassungswidrigkeit. Solcherart konsolidierten die Verfassungsrichter, trotz unweigerlich schmerzhafter finanzieller Einschnitte für die Bevölkerung, die notwendigen fiskalischen Anstrengungen des rumänischen Staates zu Gunsten der haushaltspolitischen Situation im Ganzen.

---

208 Vgl. im Folgenden Amtsblatt von Rumänien, Teil I, Nr. 189 vom 8. März 2019; siehe auch https://www.ccr.ro/wp-content/uploads/2020/11/Decizie_127_2 019.pdf (letzter Abruf am 21. Mai 2021).

209 Antrag Nr. 1284 vom 22. Februar 2019, Akte des Verfassungsgerichtshofes Nr. 408A/2019.

210 Legea bugetului de stat pe anul 2019; letztlich veröffentlicht als Gesetz Nr. 50/2019 im Amtsblatt von Rumänien, Teil I, Nr. 209 vom 15. März 2019.

36) Entscheidung Nr. 311 vom 20. Mai 2019[211]

Vorliegend beantragte[212] wiederum der Staatspräsident Rumäniens (*Iohannis*) beim Verfassungsgerichtshof vor Ausfertigung die Prüfung einer etwa Verfassungswidrigkeit der Bestimmungen des Gesetzes zur Änderung und Ergänzung des Gesetzes über die lokale öffentliche Verwaltung Nr. 215/2001[213].

Hier wurde abermals insbes. eine etwa formelle Verfassungswidrigkeit vorgebracht, da in den Augen des Staatsoberhauptes die Rechtsstaatsklausel aus Art. 1 Abs. 5 RV und die notwendige Bikameralität bei der Gesetzesverabschiedung (Art. 61 und 75 RV in der Gesamtschau) insofern verletzt worden sei, als dass der Senat - dem Antragsteller nach - nicht ausreichend in die Gesetzesgenese involviert worden sei.

In Bezug auf diese potentielle formelle Verfassungswidrigkeit sah der Verfassungsgerichtshof jedoch auch hier keine solche als gegeben an; der Senat sei vielmehr in ausreichender Form bei der Gesetzesentstehung involviert gewesen. Auf diese Art und Weise emphatisierten die Verfassungsrichter das legislative Zweikammerprinzip, was angesichts der notwendigen einschlägigen Rechtssicherheit sehr signifikant ist.

---

211 Vgl. im Folgenden Amtsblatt von Rumänien, Teil I, Nr. 561 vom 9. Juli 2019; siehe auch https://www.ccr.ro/download/decizii_relevante/Decizie_311_2019.pdf (letzter Abruf am 21. Mai 2021).

212 Antrag Nr. 2049 vom 20. März 2019, Akte des Verfassungsgerichtshofes Nr. 615A/2019.

213 Legea administrației publice locale; die hiesige Änderungsorm wurde letztlich veröffentlicht als Gesetz Nr. 138/2019 im Amtsblatt von Rumänien, Teil I, Nr. 587 vom 17. Juli 2019.

37) Entscheidung Nr. 312 vom 20. Mai 2019[214]

In diesem Fall beantragte[215] die Fraktion der Nationalliberalen Partei in der Abgeordnetenkammer beim Verfassungsgerichtshof die (abstrakt-repressive) Prüfung einer etwa Verfassungswidrigkeit der Bestimmungen von Art. 35 Abss. 1-3 der Geschäftsordnung der Abgeordnetenkammer.

Hier wurde insbes. eine etwa materielle Verfassungswidrigkeit moniert, da in den Augen der antragstellenden Fraktion insbes. Art. 64 Abs. 2 RV (zur Wahl des jeweiligen Präsidenten einer Legislativkammer während des laufenden Mandates dieser Kammer, aus der Mitte der Kammer) verletzt worden sei, da die hier angegriffenen Gesetzesbestimmungen solches auf der einfachgesetzlichen Ebene nicht klar genug wiederholten; letztgenanntes wurde ferner auch in Bezug auf eine potentielle Verletzung der Art. 66 Abs. 3 (parlamentarische Vorsitzführung durch den jeweiligen Präsidenten einer Legislativkammer), Art. 89 Abs. 1 (Konsultationen der Präsidenten der beiden Legislativkammern vor vorzeitiger Parlamentsauflösung) und Art. 98 Abs. 1 (Vertretung bei Vakanz des Staatspräsidentenamtes) RV vorgebracht.

Der Verfassungsgerichtshof entschied allerdings (bei einer separaten Mindermeinung), dass vorliegend keine materielle Verfassungswidrigkeit gegeben sei, und stärkte solcherart, durch seine Interpretation des Inhaltes der angegriffenen Normen im Sinne der angeführten Verfassungsartikel, die Rechtssicherheit, mithin das notwendige Vertrauen auch in die parlamentarische Geschäftsordnung.

---

214 Im Amtsblatt von Rumänien nicht veröffentlicht; siehe daher https://www.ccr.r o/download/decizii_relevante/Decizie_312_2019.pdf (letzter Abruf am 21. Mai 2021).
215 Antrag Nr. 2658 vom 8. April 2019, Akte des Verfassungsgerichtshofes Nr. 840C/2019.

38) Entscheidung Nr. 394 vom 5. Juni 2019[216]

In dieser Causa beantragten[217] 88 Mitglieder der Abgeordnetenkammer beim Verfassungsgerichtshof die Prüfung einer etwa Verfassungswidrigkeit avisierter Änderungen von Art. 12 des Gesetzes Nr. 78/2000 zur Verhütung, Aufdeckung und Sanktionierung von Korruptionshandlungen[218].

Hier wurde insbes. eine etwa formelle Verfassungswidrigkeit moniert, da in den Augen der Antragsteller die Rechtsstaatsklausel aus Art. 1 Abs. 5 RV und Art. 147 Abs. 4 RV insofern verletzt worden sei, als dass der Gesetzgeber bei der Nachbesserung des monierten Gesetzestextes (es ging um die Neudefinition thematisch verbundener Straftaten) nicht die einschlägige Judikatur des Verfassungsgerichtshofes beachtet habe: Das Parlament sei eben bei der Anwendung des Verfassungsprinzips der loyalen Zusammenarbeit zwischen staatlichen Behörden verpflichtet, Entscheidungen des Verfassungsgerichtshofes zu respektieren.

In Bezug auf eine potentielle formelle Verfassungswidrigkeit sah der Verfassungsgerichtshof jedoch *in praxi* auch hier (bei einer separaten Mindermeinung) keine Verfassungswidrigkeit als gegeben an; vielmehr erachteten die Verfassungsrichter, dass der Gesetzgeber die vorherige Judikatur[219] der Kammer bzgl. der ursprünglichen Form des hier angegriffenen Gesetzes durchaus korrekt beachtet habe. Auch solcherart vermochte die Kammer das Vertrauen in den Gesetzgebungsprozess eher zu stärken, wenngleich auch allgemein kritische Stimmen bzgl. der interpretatorischen Handhabe einschlägiger Normen durch die Kammer zu verzeichnen waren.[220]

---

216 Vgl. im Folgenden Amtsblatt von Rumänien, Teil I, Nr. 597 vom 19. Juli 2019; siehe auch https://www.ccr.ro/download/decizii_relevante/Decizie_394_2019.pdf (letzter Abruf am 21. Mai 2021).

217 Antrag Nr. 3394 vom 2. Mai 2019, Akte des Verfassungsgerichtshofes Nr. 1138A/2019.

218 Legea pentru prevenirea, descoperirea şi sanctionarea faptelor de corupţie; ursprünglich veröffentlicht im Amtsblatt von Rumänien, Teil I, Nr. 219 vom 18. Mai 2000.

219 Entscheidung Nr. 432 vom 21. Juni 2016, veröffentlicht im Amtsblatt von Rumänien, Teil I, Nr. 841 vom 24. Oktober 2016.

220 Vgl. hierzu etwa *Selejan-Gutan, Bianca*, New Challenges against the Judiciary in Romania, VerfBlog, 2019/2/22, https://verfassungsblog.de/new-challenges-against-the-judiciary-in-romania/, DOI: 10.17176/20190324-210338-0 (letzter Abruf am 21. Mai 2021).

39) Entscheidung Nr. 415 vom 26. Juni 2019[221]

In diesem Fall beantragten[222] 82 Mitglieder der Abgeordnetenkammer beim Verfassungsgerichtshof die Prüfung avisierter Änderungen des Gesetzes Nr. 192/2006 über die Mediation und Organisation des Mediatorenberufes[223].

Auch hier wurde insbes. eine etwa formelle Verfassungswidrigkeit moniert, da in den Augen der Antragsteller die Rechtsstaatsklausel aus Art. 1 Abs. 5 RV und Art. 147 Abs. 4 RV insofern verletzt worden sei, als dass der Gesetzgeber bei der Nachbesserung des monierten Gesetzestextes (es ging u.a. um die notwendigen Kompetenzzuschreibungen und Qualifikationsessentialia von Mediatoren) nicht die einschlägige Judikatur des Verfassungsgerichtshofes beachtet habe.

In Bezug auf eine potentielle formelle Verfassungswidrigkeit sah der Verfassungsgerichtshof auch hier keine solche als gegeben an; vielmehr erachteten die Verfassungsrichter, dass der Gesetzgeber die vorherige Judikatur[224] des Verfassungsgerichtshofes bzgl. der ursprünglichen Form des hier angegriffenen Gesetzes durchaus korrekt beachtet habe. Dies war nicht zuletzt für die Bildung einer korrekten, die Rechtssicherheit stärkenden Basis für die Tätigkeit von Mediatoren innerhalb der rumänischen Rechtsordnung sehr signifikant.

---

221 Vgl. im Folgenden Amtsblatt von Rumänien, Teil I, Nr. 589 vom 18. Juli 2019; siehe auch https://www.ccr.ro/download/decizii_relevante/Decizie_415_2 019.pdf (letzter Abruf am 21. Mai 2021).

222 Antrag Nr. 3447 vom 2. Mai 2019, Akte des Verfassungsgerichtshofes Nr. 1176A/2019.

223 Legea privind medierea şi organizarea profesiei de mediator, ursprünglich veröffentlicht im Amtsblatt von Rumänien, Teil I, Nr. 441 vom 22. Mai 2006.

224 Entscheidung Nr. 266 vom 7. Mai 2014, veröffentlicht im Amtsblatt von Rumänien, Teil I, Nr. 464 vom 25. Juni 2014.

40) Entscheidung Nr. 416 vom 26. Juni 2019[225]

Vorliegend bat die Senatsfraktion der Nationalliberalen Partei den Verfassungsgerichtshof um (abstrakt-repressive) Prüfung einer etwa Verfassungswidrigkeit des Senatsbeschlusses Nr. 4/2019 über die Genehmigung einer parlamentarischen Untersuchung durch eine ständige Kommission.[226]

Hier wurde insbes. eine etwa formelle Verfassungswidrigkeit moniert: Die Vorwürfe der Antragstellerin bezogen sich auf eine potentielle Verletzung insbes. der Rechtsstaatsklausel aus Art. 1 Abs. 5 RV, da mit dem angegriffenen Beschluss des Senates sein Plenum eine parlamentarische Untersuchung der Kommission für Wirtschaft, Industrie und Dienstleistungen zu den Ermittlungen des Wettbewerbsrates anordnete (wegen eines möglichen Verstoßes gegen die Bestimmungen des Wettbewerbsgesetzes Nr. 21/1996). Dieser Beschluss sei jedoch nicht entsprechend Art. 64 Abs. 4 RV hinsichtlich der internen (eben auch Senats-)Organisation zustandegekommen, da nicht alle Fraktionen gleichsam involviert worden seien.

In Bezug auf eine potentielle formelle Verfassungswidrigkeit sah der Verfassungsgerichtshof auch hier keine solche als gegeben an. Solcherart konsolidierten die Verfassungsrichter eigene Judikatur[227] und stärkten wiederum das notwendige Vertrauen der Bevölkerung, diesmal bzgl. der Einberufung parlamentarischer Kommissionen.

---

225 Vgl. im Folgenden Amtsblatt von Rumänien, Teil I, Nr. 605 vom 23. Juli 2019; siehe auch https://www.ccr.ro/download/decizii_relevante/Decizie_416_2 019.pdf (letzter Abruf am 21. Mai 2021).

226 Antrag Nr. 3729 vom 10. Mai 2019, Akte des Verfassungsgerichtshofes Nr. 1277L/2019.

227 Entscheidung Nr. 430 vom 21. Juni 2017, veröffentlicht im Amtsblatt von Rumänien, Teil I, Nr. 655 vom 9. August 2017.

41) Entscheidung Nr. 609 vom 14. September 2020[228]

Im hiesigen Fall beantragte[229] die rumänische Regierung die Beilegung eines mutmaßlichen Rechtskonfliktes konstitutioneller Art zwischen Regierung und Parlament, welchen das Kabinett infolge der Vorlage eines am 17. August 2020 im Parlament gegen sich eingebrachten Misstrauensantrages (wegen seiner Politik im Kontext der COVID-19-Pandemie) annahm.

Der Verfassungsgerichtshof stellte allerdings vorliegend (bei zwei abweichenden Sondervoten) fest, dass ein solcher Rechtskonflikt vorliegend nicht zu erkennen sei. Zum einen entspreche das Vorgehen des Parlaments seinen verfassungsrechtlichen Prärogativen (insbes. Art. 109 RV), zum anderen ließ auch der Hergang der Behandlung des Antrages nicht auf etwa verfassungswidrige Vorgänge schließen, auch vor dem Hintergrund der pandemischen Notsituation.

Die Entscheidung erscheint insoweit als signifikant, als dass die Kammer sich erfolgreich dagegen erwehrte, zum Spielball politischer Interessen zu werden und auf die Vorherrschaft der Verfassung pochte.

---

228 Vgl. im Folgenden Amtsblatt von Rumänien, Teil I, Nr. 980 vom 23. Oktober 2020; siehe auch https://www.ccr.ro/wp-content/uploads/2020/10/Decizie_609_2 020.pdf (letzter Abruf am 21. Mai 2021).
229 Antrag Nr. 4967 vom 21. August 2020, Akte des Verfassungsgerichtshofes Nr. 1373E/2020.

42) Entscheidung Nr. 678 vom 29. September 2020[230]

Vorliegend beantragte[231] der Präsident der Rumänischen Republik die Prüfung einer etwa Verfassungswidrigkeit des avisierten Gesetzes zur Wahl von Abgeordnetenkammer und Senat[232] (infolge der Beendigung des Mandates des 2016 gewählten Parlaments).

Um den Einwand einer etwa Verfassungswidrigkeit zu begründen, wurde emphatisiert, dass das angegriffene Gesetz nur für die jeweils nächsten Parlamentswahlen einen einfachgesetzlichen Rechtsrahmen schaffe; eine solche Änderung, die weniger als 6 Monate vor der (für den 6. Dezember 2020 angesetzten) Wahl vorgenommen werde, verstoße mutmaßlich gegen die Anforderungen von Art. 1 Abs. 5 RV, in seiner Dimension hinsichtlich der notwendigen Vorhersehbarkeit des Gesetzes und Rechtssicherheit. Hierbei wurde u.a. auch vergleichbare Rechtsprechung des EGMR bemüht, etwa *Rekvényi gegen Ungarn*[233] und *Dammann gegen die Schweiz*[234]. Konkret befürchtete das Staatsoberhaupt, dass ein solches Gesetz dem Parlament die Handhabe geben könnte, das Datum des Urnenganges eigenmächtig festzulegen - nicht zuletzt vor dem pandemisch angehauchten Hintergrund des Ausnahmezustandes nach Art. 93 RV.

Die Kammer lehnte, bei Vorliegen eines abweichenden Sondervotums, im konkreten Fall eine etwa Verfassungswidrigkeit ab - offenbar, weil sie die Gefahr einer handfesten Staatskrise im gegenteiligen Fall sah: Allerdings war auch die Begründung in sich letztlich stimmig:

Das Mandat des ausgehenden Parlaments wurde durch das Dekret des rumänischen Präsidenten Nr. 1134/2016 für den 20. Dezember 2016 begonnen, an welchem die beiden Kammern rechtmäßig zusammentraten und von dem aus ihr vierjähriges (gemäß Art. 63 Abs. 1 RV) Mandat begann. Daraus folgte in den Augen der Verfassungsrichter, dass das Parlament zur Einhaltung der verfassungsrechtlichen Anforderungen ein Gesetz verabschieden sollte, das das Datum der Wahlen bis spätestens zum Ende seiner Amtszeit festlege, nämlich den 20. Dezember 2020. Solches sei

---

230 Vgl. im Folgenden Amtsblatt von Rumänien, Teil I, Nr. 946 vom 15. Oktober 2020; siehe auch https://www.ccr.ro/wp-content/uploads/2020/10/Decizie_678_2020.pdf (letzter Abruf am 21. Mai 2021).

231 Antrag Nr. 4654 vom 17. August 2020, Akte des Verfassungsgerichtshofes Nr. 1323A / 2020.

232 Lege privind unele măsuri pentru organizarea alegerilor pentru Senat și Camera Deputaților (Gesetzesentwurf PL-x nr. 450/2020).

233 EGMR, Urteil vom 20. Mai 1999 - 25390/94.

234 EGMR, Urteil vom 25. April 2006 - 77551/01.

nicht notwendigerweise durch ein Organgesetz zu verabschieden, sofern das Gesetz nicht allgemein Bestehendes (die Zusammensetzung der Wahlkommissionen, die Wahlkreise und die Regeln für die Zusammensetzung der Wahlkreise) modifiziere.[235]

---

235 Dies schloss die Kammer in Anbetracht eigener bisheriger Judikatur, etwa der Entscheidung Nr. 51 vom 25. Januar 2012, veröffentlicht im Amtsblatt von Rumänien, Teil I, Nr. 90 vom 3. Februar 2012; der Entscheidung Nr. 682 vom 27. Juni 2012, veröffentlicht im Amtsblatt von Rumänien, Teil I, Nr. 473 vom 11. Juli 2012; der Entscheidung Nr. 799 vom 18. November 2015, veröffentlicht im Amtsblatt von Rumänien, Teil I, Nr. 862 vom 19. November 2015 - konkret Rdnrr. 85-87 -; der Entscheidung Nr. 146 vom 13. März 2019, veröffentlicht im Amtsblatt von Rumänien, Teil I, Nr. 240 vom 28. März 2019, Rdnr. 61; schließlich der Entscheidung Nr. 150 vom 12. März 2020, veröffentlicht im Amtsblatt von Rumänien, Teil I, Nr. 215 vom 17. März 2020, Rdnr. 68 und 69.

43) Entscheidung Nr. 777 vom 28. Oktober 2020[236]

Im hiesigen Fall beantragte[237] die rumänische Regierung die Prüfung einer etwa Verfassungswidrigkeit avisierter Änderungen von Art. 16 Abs. 2 des Tierhaltungsgesetzes (32/2019)[238], hinsichtlich der Regelung der Abschlussbedingungen von Konzessionsverträgen auf dem Gebiet der Tierhaltung. Als Begründung für den Einwand der möglichen Verfassungswidrigkeit wurde geltend gemacht, dass die Verabschiedung der angegriffenen Norm gegen den in Art. 61 Abs. 2 RV verankerten Grundsatz des Zweikammersystems verstoße, da der letztliche Gesetzestext dem entsprechend vom Senat verabschiedeten Text (welcher bestimmte Tierarten ausnahm, konkret Schafe und Ziegen) widerspreche.

Der Verfassungsgerichtshof stellte vorliegend (bei zwei abweichenden Sondervoten) fest, dass im Rahmen der Normgenese keine Verletzung des Zweikammersystems zu erkennen sei, dass vielmehr die textlichen Abweichungen im konkreten Kontext keine signifikante Divergenz zwischen den von den beiden Kammern jeweils vorgesehenen, einschlägigen Texten darstelle. Dies erscheint im konkreten Fall auch schlüssig, da solcherart die Basis von entsprechenden Konzessionsverträgen konsolidiert wurde und Rechtsunsicherheiten auf dem Markt effizient vorgebeugt wurde.

Interessanterweise, als offensichtliches *obiter dictum*, ließen sich die Richter aber auch kurz über den materiellrechtlichen Hintergrund der monierten Norm aus, wobei unterstrichen wurde, dass die vom rumänischen Verwaltungsgesetzbuch (Art. 315) anerkannte Methode der Vergabe von Aufträgen auch im Kontext des Gesetzes Nr. 32/2019 greife, eben hier bei der Umsetzung von Konzessionsverträgen im Kontext der Tierhaltung.

---

236 Vgl. im Folgenden Amtsblatt von Rumänien, Teil I, Nr. 1197 vom 9. Dezember 2020; siehe auch https://www.ccr.ro/wp-content/uploads/2020/12/Decizie_777_2 020.pdf (letzter Abruf am 21. Mai 2021).

237 Antrag Nr. 5672 vom 28. September 2020, Akte des Verfassungsgerichtshofes Nr. 1570A/2020.

238 Legea zootehniei, ursprünglich veröffentlicht im Amtsblatt von Rumänien, Teil I, Nr. 53 vom 21. Januar 2019.

44) Entscheidung Nr. 847 vom 18. November 2020[239]

Hier beantragte[240] ein Großteil der Fraktion der Partei "Uniunea Salvați România (USR)"[241] eine (abstrakt-repressive) Verfassungsmäßigkeitsprüfung der Ernennung (Beschluss des Parlaments Nr. 29/2020) eines Kandidaten zum Präsidenten des rumänischen Legislativrates, da dessen Wahl gemäß Art. 9 Abs. 2 des Gesetzes Nr. 73/1993[242] mit Stimmenmehrheit aller Abgeordneten und Senatoren, nicht nur der Anwesenden zu erfolgen habe.

Der Verfassungsgerichtshof lehnte den Antrag (bei Bestehen eines Sondervotums) bereits zulässigkeitshalber ab, da vorgebrachte Kritikpunkte eine offensichtliche verfassungsrechtliche Relevanz, nicht nur eine einfachgesetzliche, haben müssten.

Daher könnten freilich alle Entscheidungen insbes. des Plenums der Abgeordnetenkammer und des Plenums des Senates einer Überprüfung der Verfassung unterzogen werden, wenn im entsprechenden Antrag Verfassungsbestimmungen moniert würden. Hierbei erinnerte die Kammer an einschlägige eigene Judikatur.[243]

Wenngleich die Entscheidung in der Sache konsequent erscheint, hätte eine weitergehende materielle Auseinandersetzung der Kammer mit dem Topos, wie im Sondervotum emphatisiert, für die notwendige Klärung vergleichbarer Situationen in der Zukunft einen für die rumänische Rechtsordnung gewiss wertvollen Beitrag leisten können.

---

239 Vgl. im Folgenden Amtsblatt von Rumänien, Teil I, Nr. 1302 vom 29. Dezember 2020; siehe auch https://www.ccr.ro/wp-content/uploads/2020/12/Decizie_8 47_2020.pdf (letzter Abruf am 21. Mai 2021).
240 Antrag Nr. 6488 vom 21. Oktober 2020, Akte des Verfassungsgerichtshofes Nr. 1831L/2/2020.
241 "Union Rettet Rumänien".
242 Legea pentru înființarea, organizarea și funcționarea Consiliului Legislativ; veröffentlicht im Amtsblatt von Rumänien, Teil I, Nr. 260 vom 5. November 1993.
243 Insbes. Entscheidung Nr. 628 vom 4. November 2014, veröffentlicht im Amtsblatt von Rumänien, Teil I, Nr. 52 vom 22. Januar 2015, - konkret Rdnr. 15 -.

45) Entscheidung Nr. 850 vom 25. November 2020[244]

Auf Antrag[245] eines Großteiles der Fraktion der (die Regierung Rumäniens mittragenden) Nationalliberalen Partei sollte der Verfassungsgerichtshof in diesem Fall eine etwa Verfassungswidrigkeit avisierter Änderungen des Gesetzes Nr. 76/2002 über das Arbeitslosenversicherungssystem und zur Förderung der Beschäftigung[246] präventiv prüfen. Moniert wurde, dass das angegriffene, avisierte Gesetz, gerade hinsichtlich der Planung einer Änderung sozialer Referenzindikatoren (per 2024) insbes. den Regelungen guter Gesetzgebung aus Art. 1 Abs. 3 RV widerspreche, da es in seiner Begründung keine Bezugnahme zur weiteren Auswirkung auf den Staatshaushalt beinhalte.

Der Verfassungsgerichtshof lehnte den solcherart formulierten Einwand einer etwa Verfassungswidrigkeit, bei Bestehen eines Sondervotums, als unbegründet ab und stellte fest, dass das monierte, avisierte Gesetz insoweit verfassungskonform sei: Es erschien den Verfassungsrichtern insbes. wichtig, zu betonen, dass die Änderungen von sozialen Referenzindikatoren lediglich bei der Berechnung des Arbeitslosengeldes wirksam seien, dies aber nicht auf die Berechnung anderer auf selbiger Grundlage zu ermittelnder Sozialleistungen ausgedehnt werden dürfe. Auch wenn die einschlägige Formulierung in der Gesetzesbegründung in den Verfassungsrichteraugen als etwas abstrakt gesehen wurde, stellte dies jedoch keine Verfassungswidrigkeit dar, sondern eine (durch die Kammer insoweit interpretierte) inhaltliche Unklarheit.

Die Ansicht der Verfassungsrichter zielte im Ergebnis auf das Kernstück der hiesigen normativen Regelung ab und kann sich in Zukunft als insoweit notwendig erweisen, etwa sozialen Ungleichgewichten vorzubeugen; ferner erscheint es als für die Gesetzgebungsergonomie positiv, dass die Kammer durch ihre Interpretation den tatsächlichen Anwendungsrahmen der Norm entsprechend setzte.

---

244 Vgl. im Folgenden Amtsblatt von Rumänien, Teil I, Nr. 1253 vom 18. Dezember 2020; siehe auch https://www.ccr.ro/wp-content/uploads/2020/11/Decizie_8 50_2020.pdf (letzter Abruf am 21. Mai 2021).

245 Antrag Nr. 6367 vom 16. Oktober 2020, Akte des Verfassungsgerichtshofes Nr. 1796A/2020.

246 Legea privind sistemul asigurărilor pentru șomaj și stimularea ocupării forței de muncă, ursprünglich veröffentlicht im Amtsblatt von Rumänien, Teil I, Nr. 103 vom 6. Februar 2002.

46) Entscheidung Nr. 876 vom 9. Dezember 2020[247]

Vorliegend ging es um einen, bemerkenswerter Weise von der rumänischen Regierung selbst eingebrachten, Antrag[248] auf Prüfung der etwa formellen Verfassungswidrigkeit avisierter Änderungen der staatlichen Notstandsverordnung Nr. 166/2020 hinsichtlich allgemeiner Maßnahmen zum Schutz der nationalen Interessen an der Wirtschaftstätigkeit[249]; die Kammer wurde konkreter gebeten, zu prüfen, ob dieses avisierte Gesetz mit der für Organgesetze erforderlichen Mehrheit aus Art. 115 Abs. 5 i.V.m. Art. 76 RV zustande gekommen sei.

Der Verfassungsgerichtshof lehnte den von der rumänischen Regierung formulierten Einwand einer etwa Verfassungswidrigkeit als unbegründet ab. Dies erfolgte unter Einbezug eigener entsprechender Judikatur,[250] wesentlich darauf fußend, dass die RV die Möglichkeit der Verabschiedung von Organgesetzen (welche gemäß der im Antrag angeführten Verfassungsnormen einer qualifizierten Mehrheit bedürfen) nur in enumerativer Form vorsehe - vermöge des für die Normgenese wichtigen Art. 73 RV, welcher (Abs. 3, lit. t) solche Bereiche für die Annahme von Organgesetzen bestimmten Verfassungsnormen vorbehalte.[251]

Vermöge dieser Rechtsprechung konsolidierte der Verfassungsgerichtshof die Normproduktion und stellte sicher, dass das besondere Mittel eines Organgesetzes nicht einem Missbrauch durch den Gesetzgeber preisgegeben werde.

---

247 Vgl. im Folgenden Amtsblatt von Rumänien, Teil I, Nr. 1265 vom 21. Dezember 2020; siehe auch https://www.ccr.ro/wp-content/uploads/2020/11/Decizie_8 76_2020.pdf (letzter Abruf am 21. Mai 2021).

248 Antrag Nr. 6820 vom 3. November 2020, Akte des Verfassungsgerichtshofes Nr. 1939A/2020.

249 Ordonanta (...) privind unele măsuri pentru protejarea intereselor naţionale în activitatea economică; ursprünglich veröffentlicht im Amtsblatt von Rumänien, Teil I, Nr. 900 vom 5. Oktober 2020.

250 Entscheidung Nr. 1150 vom 6. November 2008, veröffentlicht im Amtsblatt von Rumänien, Teil I, Nr. 832 vom 10. Dezember 2008; Entscheidung Nr. 537 vom 18. Juli 2018, veröffentlicht im Amtsblatt von Rumänien, Teil I, Nr. 679 vom 6. August 2018.

251 Gemäß den Verfassungsrichtern sind dies aufgrund ihrer respektiven Inhalte Art. 31 Abs. 5, Art. 40 Abs. 3, Art. 55 Abs. 2, Art. 58 Abs. 3, Art. 79 Abs. 2, Art. 102 Abs. 3, Art. 105 Abs. 2, Art. 117 Abs. 3, Art. 118 Abss. 2,3, Art. 120 Abs. 2, Art. 126 Abss. 4,5 und Art. 142 Abs. 5 RV.

47) Entscheidung Nr. 2 vom 13. Januar 2021[252]

In der hiesigen Sache ging es um einen, wiederum von der rumänischen Regierung selbst eingebrachten, Antrag[253] auf eine etwa Verfassungswidrigkeitsprüfung in Bezug avisierter Änderungen der staatlichen Notstandsverordnung Nr. 136/2020 zur Berichtigung des rumänischen staatlichen Sozialversicherungshaushaltes für 2020[254]. Als Begründung für den Einwand einer etwa Verfassungswidrigkeit wurde insbes. angeführt, dass ein möglicher Verstoß gegen die Rechtsstaatsklausel aus Art. 1 Abs. 5 RV durch eine Nichteinhaltung von Art. 53 Abs. 2 lit. f des Gesetzes Nr. 69/2010 in Bezug auf die Rolle und die Zuweisungen des rumänischen Fiskalrates vorliegen könnte, insoweit, als dass der Fiskalrat gemäß der genannten einfachgesetzlichen Regelung Schätzungen erstellt und Stellungnahmen abgibt (dies sowohl zu den Auswirkungen eines Staatshaushaltsentwurfes als auch zu möglichen Änderungen der jährlichen Haushaltsgesetze), was vorliegend nicht im erforderlichen Maße geschehen sei, und was zu einer Nichtangemessenheit avisierter Mittel geführt habe.

Der Verfassungsgerichtshof lehnte den von der rumänischen Regierung formulierten Einwand einer etwa Verfassungswidrigkeit als unbegründet ab. Die Kammer verwies, unter Bezugnahme auf einschlägige eigene Judikatur,[255] bereits allgemein darauf, dass eine rumänische Regierung, im Fall des Nichtverfügens über ausreichende finanzielle Mittel (dies bereits auch in außergewöhnlichen, da pandemischen Situationen) aufgrund ihres Rechts zur Gesetzgebungsinitiative stets die erforderlichen normativen Än-

---

252 Vgl. im Folgenden Amtsblatt von Rumänien, Teil I, Nr. 84 vom 27. Januar 2021; siehe auch https://www.ccr.ro/wp-content/uploads/2021/02/Decizie_2_2021.pdf (letzter Abruf am 21. Mai 2021).

253 Antrag Nr. 6198 vom 13. Oktober 2020, Akte des Verfassungsgerichtshofes Nr. 1729A/2020.

254 Ordonanta (...) pentru rectificarea bugetului asigurărilor sociale de stat pe anul 2020; veröffentlicht im Amtsblatt von Rumänien, Teil I, Nr. 752 vom 18. August 2020.

255 Entscheidung Nr. 47 vom 15. September 1993, veröffentlicht im Amtsblatt von Rumänien, Teil I, Nr. 233 vom 28. September 1993; Entscheidung Nr. 64 vom 16. November 1993, veröffentlicht im Amtsblatt von Rumänien, Teil I, Nr. 310 vom 28. Dezember 1993; ferner auch die Entscheidung Nr. 22 vom 20. Januar 2016, veröffentlicht im Amtsblatt von Rumänien, Teil I, Nr. 160 vom 2. März 2016 - konkret Rdnr. 56 - ; schließlich auch die Entscheidung Nr. 593 vom 15. Juli 2020, veröffentlicht im Amtsblatt von Rumänien, Teil I, Nr. 645 vom 22. Juli 2020 - konkret Rdnr. 52 -.

derungen vorschlagen könne, um die notwendige und eben erforderliche Haushaltsliquidität sicherzustellen.

Nach Ansicht der Verfassungsrichter war der Fiskalrat ausreichend involviert worden - allgemeiner jedoch stütze sich die Beurteilung der Angemessenheit solcher finanzieller Mittel insbes. auf politische Möglichkeiten, wobei in der Sache die Beziehung zwischen Parlament und Regierung betroffen sei, um einschlägige Notwendigkeiten auf transparente Art und Weise darzustellen. Im übrigen sei durch die im vorliegenden Fall angegriffene, avisierte Norm nicht der neuralgische Punkt einer etwa Erhöhung oder Verringerung von Renten behandelt worden, vielmehr weiträumig technische Ausführungsmaßnahmen vorgesehen worden.

Insgesamt gesehen bediente der Verfassungsgerichtshof vorliegend, auch angesichts der pandemischen Situation sicherlich in gerechtfertigter Weise, die Notwendigkeit fiskalischer Stabilität für den Staat; auch wurde eine effiziente Abstimmung in Haushaltsfragen zwischen Kabinett und Hohem Hause angemahnt.

48) Entscheidung Nr. 18 vom 14. Januar 2021[256]

Im vorliegenden Fall wurde eine Verfassungswidrigkeit des Beschlusses des rumänischen Parlaments (Nr. 71/2020) über die parlamentarischen Abläufe im Kontext der Wahl des neuen Präsidenten der Abgeordnetenkammer, dem ehemaligen Premierminister *Ludovic Orban* (Wahl geschehen am 22. Dezember 2020) moniert. Der entsprechende Antrag[257] abstrakt-repressiver Prüfung stammte von der Fraktion der Partei "Alianța pentru Unirea Românilor (AUR)"[258], und wurde wesentlich darauf fundiert, dass das - sich infolge der jüngsten Parlamentswahlen vom Nikolaustag 2020 am 21. Dezember 2020 konstituierende - Parlament nicht unter einem Altersvorsitz gemäß den Vorgaben der Geschäftsordnung der rumänischen Abgeordnetenkammer (konkret deren Art. 2) stand und dass, infolge des Endes der Sitzung an selbigem Tage gegen 23.50 Uhr noch individuelle Absprachen zwischen Parlamentariern der größeren Fraktionen stattgefunden hätten, welche letztlich zu o.g. Wahl führten, aber die Abgeordneten der antragstellenden Fraktion effektiv ausgeschlossen hätten. Dies sei in den Augen der Antragsteller gleichsam insbes. ein Verstoß gegen die RV (Art. 66 RV hinsichtlich der parlamentarischen Sitzungen).

Der Verfassungsgerichtshof lehnte, in einem freilich vergleichsweise kurzen (acht Seiten betragenden) Urteilsspruch, eine etwa Verfassungswidrigkeit letztlich als unbegründet ab und stellte fest, dass der monierte Parlamentsbeschluss verfassungskonform sei: Bzgl. der Monita hinsichtlich verfassungsmäßiger Bestimmungen sah die Kammer diese in der Summe als nicht ausreichend substantiiert an.

Schon hinsichtlich der Kritik der Antragsteller an der Anwendung der parlamentarischen Geschäftsordnung im vorliegenden Fall hob die Kammer vernünftigerweise und unter Erinnerung an eigene ständige Judikatur[259] hervor, dass sie nicht für die Entscheidung über die Anwendung

---

256 Vgl. im Folgenden Amtsblatt von Rumänien, Teil I, Nr. 220 vom 4. März 2021; siehe auch https://www.ccr.ro/wp-content/uploads/2021/03/Decizie_1 8_2021.pdf (letzter Abruf am 21. Mai 2021).

257 Antrag Nr. 8333 vom 23. Dezember 2020, Akte des Verfassungsgerichtshofes Nr. 2446L/2/2020.

258 "Bündnis zur Einheit der Rumänen".

259 Siehe die Entscheidung Nr. 44 vom 8. Juli 1993, veröffentlicht im Amtsblatt von Rumänien, Teil I, Nr. 190 von 10. August 1993; die Entscheidung Nr. 68 vom 23. November 1993, veröffentlicht im Amtsblatt von Rumänien, Teil I, Nr. 12 vom 19. Januar 1994; die Entscheidung Nr. 22 vom 27. Februar 1995, veröffentlicht im Amtsblatt von Rumänien, Teil I, Nr. 64 vom 7. April 1995;

solcher Vorschriften zuständig sei, vielmehr die RV ihren Prüfungsmaßstab bilde. Wenngleich dies jedoch *prima facie* schlüssig erscheint, da ein
Verfassungsgericht nicht zum Spielball alltäglicher, jedenfalls auch trivial
anmutender parlamentarischer Abläufe werden sollte, hätte eine Bezugnahme der Kammer zu diesem Topos möglicherweise eine weitergehende
Klärung vergleichbarer Monita für die Zukunft nach sich gezogen.

---

die Entscheidung Nr. 98 vom 15. Februar 2005, veröffentlicht im Amtsblatt
von Rumänien, Teil I, Nr. 210 vom 11. März 2005; die Entscheidung Nr. 710
vom 6. Mai 2009, veröffentlicht im Amtsblatt von Rumänien, Teil I, Nr. 358
vom 28. Mai 2009; die Entscheidung Nr. 260 vom 8. April 2015, veröffentlicht
im Amtsblatt von Rumänien, Teil I, Nr. 318 vom 11. Mai 2015, - konkret die
Rdnr. 18 -, oder auch die Entscheidung Nr. 128 vom 6. März 2019, veröffentlicht im Amtsblatt von Rumänien, Teil I, Nr. 189 vom 8. März 2019, - insbes.
Rdnr. 30.

49) Entscheidung Nr. 57 vom 26. Januar 2021[260]

Im vorliegenden Fall wurde eine Verfassungswidrigkeit des Beschlusses des rumänischen Parlaments (Nr. 31/2020) über die Gewährung des Vertrauens des Hohen Hauses an das neue Kabinett unter *Florin Cîțu* (geschehen am 23. Dezember 2020) moniert. Der entsprechende Antrag[261] abstrakt-repressiver Prüfung stammte abermals von der Fraktion der Partei "Alianța pentru Unirea Românilor (AUR)", und wurde hier wesentlich darauf fundiert, dass ein einschlägiges Regierungsprogramm den Mitgliedern des Parlaments nicht rechtzeitig zugesandt worden sei, respektive dass einige Abgeordnete ein solches lediglich 15 Minuten vor Sitzungsbeginn erhalten hätten. Ferner wurde hervorgehoben, dass das Parlament infolge der jüngsten Parlamentswahlen noch nicht legitimerweise hätte entscheiden können, da dieses weniger als fünf Tage vor dem Beschluss einberufen worden sei und mithin auch Anhörungen potentieller, zukünftiger Minister lediglich vor arithmetisch nicht repräsentativen Parlamentariergruppen abgehalten worden seien, was in den Augen der Antragsteller Verstöße gegen die RV (Art. 64 Abs. 4 RV über parlamentarische Kommissionen und Art. 66 RV hinsichtlich der parlamentarischen Sitzungen, ferner Art. 102 Abs. 1 RV und Art. 103 Abs. 3 RV hinsichtlich des Inhaltes der Regierungserklärung) sowie gegen einschlägige Vorgaben der Geschäftsordnung der rumänischen Abgeordnetenkammer (konkret deren Art. 2 und Art. 11) darstelle.

Der Verfassungsgerichtshof lehnte, in einem wiederum freilich vergleichsweise kurzen (sieben Seiten betragenden) Urteilsspruch, eine etwa Verfassungswidrigkeit letztlich als unbegründet ab und stellte fest, dass der monierte Parlamentsbeschluss verfassungskonform sei: Schon hinsichtlich der Kritik der Antragsteller an der Anwendung der parlamentarischen Geschäftsordnung im vorliegenden Fall hob die Kammer erneut und unter abermaliger Erinnerung an eigene ständige Judikatur[262] hervor, dass sie

---

260 Vgl. im Folgenden Amtsblatt von Rumänien, Teil I, Nr. 254 vom 12. März 2021; siehe auch https://www.ccr.ro/wp-content/uploads/2021/02/Decizie_57_20 21.pdf (letzter Abruf am 21. Mai 2021).

261 Antrag Nr. 8369 vom 24. Dezember 2020, Akte des Verfassungsgerichtshofes Nr. 2457 L/2/2020.

262 Siehe die Entscheidung Nr. 44 vom 8. Juli 1993, veröffentlicht im Amtsblatt von Rumänien, Teil I, Nr. 190 von 10. August 1993; die Entscheidung Nr. 68 vom 23. November 1993, veröffentlicht im Amtsblatt von Rumänien, Teil I, Nr. 12 vom 19. Januar 1994; die Entscheidung Nr. 22 vom 27. Februar 1995, veröffentlicht im Amtsblatt von Rumänien, Teil I, Nr. 64 vom 7. April 1995;

nicht für die Entscheidung über die Anwendung solcher Vorschriften zuständig sei, vielmehr die RV ihren Prüfungsmaßstab bilde.

---

die Entscheidung Nr. 98 vom 15. Februar 2005, veröffentlicht im Amtsblatt von Rumänien, Teil I, Nr. 210 vom 11. März 2005; die Entscheidung Nr. 710 vom 6. Mai 2009, veröffentlicht im Amtsblatt von Rumänien, Teil I, Nr. 358 vom 28. Mai 2009; die Entscheidung Nr. 260 vom 8. April 2015, veröffentlicht im Amtsblatt von Rumänien, Teil I, Nr. 318 vom 11. Mai 2015, - konkret die Rdnr. 18 -, oder auch die Entscheidung Nr. 128 vom 6. März 2019, veröffentlicht im Amtsblatt von Rumänien, Teil I, Nr. 189 vom 8. März 2019, - insbes. Rdnr. 30.

50) Entscheidung Nr. 139 vom 3. März 2021[263]

Ein Großteil der Fraktion der Partei "Uniunea Salvati România (USR)" sowie die Fraktion der "Uniunea Democrata Maghiara din România (UD-MR)"[264] brachte einen Antrag auf formelle und materielle Verfassungsmäßigkeitsprüfung avisierter Änderungen des Gesetzes Nr. 335/2007[265] zur rumänischen Handels- und Industriekammer ein.[266] In der Sache ging es um Immobilien aus Privatbesitz der rumänischen Handels- und Industriekammer, welche vermöge der avisierten legislativen Änderungen durch eine Entscheidung der rumänischen Regierung leichter in staatliches Eigentum übergehen könnten, um soziale Zwecke zu erfüllen.

Im Hinblick auf eine etwa formelle Verfassungswidrigkeit wurde vorgebracht, dass die kritisierten Änderungen gegen den in Art. 61 Abs. 2 RV verankerten Zweikammersystem-Grundsatz der Legislative verstießen, da der letztliche Reformvorschlag nicht mit dem einschlägigen Vorschlag des rumänischen Senates übereinstimme. In Bezug auf die etwa materielle Verfassungswidrigkeit wurde insbes. vorgebracht, dass den avisierten Gesetzesänderungen keine ökonomische Auswirkungsstudie vorausgegangen sei.

Der Verfassungsgerichtshof lehnte eine etwa Verfassungswidrigkeit letztlich als unbegründet ab und stellte fest, dass die avisierten Änderungen des Gesetzes Nr. 335/2007 verfassungskonform seien:

Bezüglich der Verneinung einer formellen Verfassungswidrigkeit arbeiteten die Verfassungsrichter in ihrer Mehrheit (es gab ein, eher auf die Stärkung des verfassungsmäßigen Rechts auf Privateigentum in jedem Fall abstellendes Sondervotum) zwei wesentliche Kriterien für die Feststellung von Fällen heraus, in denen durch ein parlamentarisches Verfahren der verfassungsrechtliche Grundsatz des Zweikammersystems aus Art. 61 und Art. 75 RV (unter Verweis auch auf Art. 1 Abs. 3 RV über die höchsten Werte der Rechtsstaatlichkeit und Art. 1 Abs. 4 RV über den Grundsatz der Trennung und des Gleichgewichts von Befugnissen im Staat) in Bezug auf die Rolle und Struktur des Parlaments verletzt sein könnte: Zum einen durch das Bestehen inhaltlicher erheblicher Unterschiede zwischen von

---

263 Vgl. im Folgenden Amtsblatt von Rumänien, Teil I, Nr. 302 vom 25. März 2021; siehe auch https://www.ccr.ro/wp-content/uploads/2021/03/Decizie_139_2 021.pdf (letzter Abruf am 21. Mai 2021).
264 "Demokratische Union der Ungarn in Rumänien".
265 Siehe bereits oben, Fall 5.
266 Antrag Nr. 5138 vom 4. September 2020, Akte des Verfassungsgerichtshofes Nr. 1419A/2020.

den beiden Kammern des Parlaments angenommenen Texten und zum anderen solcher Unterschiede hinsichtlich der Form.

Auch wenn der Passus, dass ein Zweikammersystem nicht automatisch bedeute, dass beide Kammern über eine identische gesetzgeberische Lösung entscheiden müssten (Rdnr. 74), auf den ersten Blick merkwürdig erscheint, arbeiteten die Richter jedoch in plausibler Form heraus, dass die Erfüllung der beiden Kriterien sich auf das Prinzip des Zweikammersystems auswirke, welches die Gesetzgebungstätigkeit des Parlaments im Ganzen regele. Wichtig sei jedenfalls eine Übereinkunft hinsichtlich des wesentlichen Gegenstandes eines Gesetzesentwurfes,[267] was man hier in der Tat als erwiesen ansehen konnte.

In Bezug auf die Verneinung einer materiellen Verfassungswidrigkeit im vorliegenden Fall durch den Verfassungsgerichtshof wurde seitens der Mehrheit der Richter - unter Verweis auf die einschlägigen Art. 16 Abss. 1, 2 RV in Bezug auf die Gleichheit der Rechte und Art. 44 Abss. 1, 2 sowie 136 Abs. 5 RV in Bezug auf das Recht auf Privateigentum - emphatisiert, dass der Gesetzgeber bereits Präzedenzfälle zum vorliegenden Fall geschaffen habe, beispielsweise bei der freien Ausübung religiöser Kulte in hierfür zugewiesenen Gebäuden[268] oder vergleichbarer Nutzung von ursprünglich im Besitz des rumänischen Olympischen Komitees befindlichen Liegenschaften[269]. Die Richter unterstrichen ferner, dass das Gesetz als Rechtsakt des Parlaments die allgemeinen sozialen Beziehungen regele und aufgrund seines Wesens und seiner verfassungsmäßigen Endgültigkeit ein Akt mit allgemeiner Anwendbarkeit sei. Per Definition habe das Gesetz als Rechtsakt einen einseitigen Charakter, der ausschließlich den Willen des Gesetzgebers zum Ausdruck bringe, dessen Inhalt und Form von der Notwendigkeit bestimmt würde, ein bestimmtes Feld sozialer Beziehungen und seine Spezifität zu regeln. Solches wurde vorliegend,

---

267 Die vorliegende Entscheidung verwies diesbezüglich auf den im Amtsblatt von Rumänien veröffentlichten Beschluss Nr. 323 desselben Gerichtshofes vom 10. Juni 2020, Teil I, Nr. 836 vom 11. September 2020, Abs. 30-33.

268 Gesetz Nr. 239/2007 über die Regelung des Rechtssystems für Immobilien zur Nutzung religiöser Einheiten/Legea privind reglementarea regimului juridic al unor bunuri imobile aflate în folosința unităților de cult; ursprünglich veröffentlicht im Amtsblatt von Rumänien, Teil I, Nr. 517 vom 1. August 2007.

269 Insbes. genehmigt durch das einschlägige Gesetz Nr. 665/2002 (Legea pentru aprobarea Ordonanței de urgenta a Guvernului nr. 94/2002 privind transmiterea, cu titlu gratuit, a unui imobil, proprietate privată a statului, în proprietatea Comitetului Olimpic Roman; ursprünglich veröffentlicht im Amtsblatt von Rumänien, Teil I, Nr. 930 vom 19. Dezember 2002).

unter schlüssiger Bezugnahme auf einschlägige vorangehende Judikatur des Verfassungsgerichtshofes,[270] zutreffend bejaht.

---

270 Vgl. Entscheidung Nr. 600 vom 9. November 2005, veröffentlicht im Amtsblatt von Rumänien, Teil I, Nr. 1060 vom 26. November 2005; Entscheidung Nr. 970 vom 31. Oktober 2007, veröffentlicht im Amtsblatt von Rumänien, Teil I, Nr. 796 vom 22. November 2007; Entscheidung Nr. 494 vom 21. November 2013, veröffentlicht im Amtsblatt von Rumänien, Teil I, Nr. 819 vom 21. Dezember 2013 und Entscheidung Nr. 574 vom 16. Oktober 2014, veröffentlicht im Amtsblatt von Rumänien, Teil I, Nr. 889 vom 8. Dezember 2014, dort konkret Rdnr. 21.

Bibliographie

A. Monographien und Aufsätze

- *Alexianu, Gheorghe,* Studii de drept public, Bukarest 1930
- *Brunner, Georg,* Die neue Verfassungsgerichtsbarkeit in Osteuropa, in: ZaöRV 1993, S. 819-870
- *Călinoiu, Constanţa,* Drept constituţional şi instituţii politice, Bukarest 2005
- *Constantinescu, Mihai / Deleanu, Ioan / Iorgovan, Antonie / Muraru, Ioan / Vasilescu, Florin / Vida, Ioan,* Constituţia României, comentată şi adnotată, Bukarest 1992
- *Constantinescu, Mihai,* Competenţa Curţii Constituţionale cu privire la legile anterioare intrării în vigoare a Constituţiei României, in: Dreptul 9/1993, S. 3-6
- *derselbe,* Conţinutul ordonanţei de urgentă a Guvernului, in: Dreptul 8/1998, S. 30-35
- *derselbe / Mareş, Radu,* Principiul neretroactivităţii legilor în cazul deciziilor Curţii Constituţionale, in: Dreptul 11/1999, S. 82-95
- *Criste, Mircea,* Controlul constituţionalităţii legilor în România – aspecte istorice şi instituţionale, Bukarest 2002
- *Cristea, Simona,* Chronique de jurisprudence de la Cour constitutionnelle de Roumanie - 2001, in: Revue de Justice constitutionelle Est-Europeenne 2/2002, S. 63-70
- *dieselbe,* Chronique de jurisprudence de la Cour constitutionnelle de Roumanie - 2002, in: Revue de Justice constitutionelle Est-Europeenne 2/2003, S. 77-84
- *Deleanu, Ion,* Justiţia constituţională, Bukarest 1995
- *derselbe,* Obligativitatea deciziilor Curţii Constituţionale, in: Revista de drept public 1/2000, S. 1-8
- *derselbe,* Delegarea legislativă - ordonanţele de urgentă ale Guvernului, in: Dreptul 9/2000, S. 9-18.
- *derselbe,* Revizuirea Constituţiei - propunerea legislativă a cet ăţenilor, in: Dreptul 11/2000, S. 3-13
- *Ernst, Ulrich,* Eingriffe in die Verfassungsgerichtsbarkeit in EU-Mitgliedsstaaten - Ungarn, Rumänien und Polen im Vergleich, in: OER 1/2017, S. 49-64

- *Gionca, Vasile / Tontsch, Günther H.*, Die Verfassungsgerichtsbarkeit in Rumänien, in: Otto Luchterhand / Christian Starck / Albrecht Weber (Hg.), Verfassungsgerichtsbarkeit in Mittel- und Osteuropa. Bd. 1, Berichte, Baden-Baden 2007, S. 105-127
- *Kerek, Angela*, Verfassungsgerichtsbarkeit in Ungarn und Rumänien. Ein Vergleich der Verfassungsgerichtsbarkeiten zweier osteuropäischer Transformationsstaaten auf ihrem Weg zum konsolidierten Rechtsstaat (Schriftenreihe zum Osteuropäischen Recht - herausgegeben von Alexander Blankenagel, Martin Fincke und Angelika Nußberger -, Bd. 14), Berlin 2010
- *Lepădătescu, Mircea*, Teoria generală a controlului constituţionalităţii legilor, Bukarest 1974
- *Miquel, Pierre*, Europas letzte Könige. Die Monarchien im 20.Jahrhundert (übersetzt ins Deutsche von *Kurz, Gerda* und *Summerer, Siglinde*), Stuttgart 1994 / Düsseldorf 2005
- *Muraru, Ioan / Muraru, Andrei*, Un siècle de contrôle constitutionnel en Roumanie, in: Revue Est Europa, numéro spécial 1/2013, S. 39-55
- *Muraru, Ioan / Constantinescu, Mihai*, Ordonanţa guvernamentală: doctrină şi jurisprudenţă, Bukarest 2000
- *Neacşu, Adrian Toni*, Conţinutul încheierii instanţei judecătoreşi de sesizare a Curţii Constituţionale în vedera soluţionării excepţiei de neconstuţionalitate, in: Dreptul 7/2002, S. 119-130
- *Negulescu, Paul*, Curs de Drept Constituţional Român, Bukarest 1927
- *Niculae, Fabian*, Le principe de la séparation des pouvoirs dans la jurisprudence de la Cour constitutionnelle de la Roumanie, in: Revue d'études politiques et constitutionnelles Est-européennes, Nr. 1-2/2009, S. 57-64
- *Parashu, Dimitrios*, Rumänischer Verfassungsgerichtshof: Stärkung des Zweikammersystems und der Gesetzgebungsqualität. Einige Bemerkungen zur Entscheidung Nr. 456 vom 24. Juni 2020 (zur Verfassungswidrigkeit des Gesetzesentwurfes PL-x Nr. 673/2019 über die Genehmigung der staatlichen Notstandsverordnung Nr. 79/2019 in Bezug auf einige Maßnahmen im Bildungsbereich und gegen die Verlängerung bestimmter Bestimmungen), in: OER 3/2020, S. 442-445
- *Popa, Nicolae*, La Cour constitutionnelle de la Roumanie : présentation générale in: Revue de Justice constitutionelle Est-Europeenne 2/2002, S. 199-207
- *Popescu, Corneliu-Liviu*, Jurisdicţiile competente să sesizeze Curtea Constituţionala pentru soluţionarea excepţiilor de neconstituţionalitate, in: Dreptul 1/1995, S. 26-31

- *derselbe*, Le contrôle judiciaire prétorien de la constitutionnalité des lois en Roumanie dans la période post-communiste et pré-constitutionnelle, in: Revue Est Europa, numéro spécial 1/2013, S. 87-103
- *Selejan-Gutan, Bianca*, L'exception d'inconstitutionnalité: instrument de protection des droits fondamentaux ou technique dilatoire du procès ? In: Revue Est Europa, numéro spécial 1/2013, S. 77-86
- *Tănase, Gheorghe*, Separația puterilor în stat, Bukarest 1994
- *Tănase, Ioana*, Les reserves d'interpretation dans la jurisprudence française et roumaine, in: Revue de Justice constitutionelle Est-Europeenne 2/2002, S. 209-303
- *Tănăsescu, Elena Simina*, Principiul egalității în dreptul românesc, Bukarest 1999
- *dieselbe*, 100 ans d'exception d'inconstitutionnalité en Roumanie, in: Revue Est Europa, numéro spécial 1/2013, S. 15-16
- *dieselbe*, L'exception d'inconstitutionnalité en Roumanie - entre renvoi préjudiciel et exception de procédure, in: Revue Est Europa, numéro spécial 1/2013, S. 17-37
- *Toader, Tudorel / Safta, Marieta*, Le rôle de la Cour constitutionnelle dans la consolidation de l'Etat de droit, in: Revue Est Europa 2/2012, S. 113-139
- *Vida, Ioan*, Delegarea legislativă, in: Studii de drept românesc 3-4/1999, S. 239-265
- *derselbe*, Manual de legistica formală, Bukarest 2000
- *Vlad, Monica*, Die Entwicklung des Verfassungsrechts in Rumänien, in: OER 3/2017, S. 256-270

B. Onlinequellen und Altera

- *Selejan-Gutan, Bianca*, The Taming of the Court – When Politics Overcome Law in the Romanian Constitutional Court, VerfBlog, 2018/6/06, https://verfassungsblog.de/the-taming-of-the-court-when-politics-overcome-law-in-the-romanian-constitutional-court/, DOI: 10.17176/20180606-154920-0
- *dieselbe*, 'We Don't Need No Constitution' – On a Sad EU Membership Anniversary in Romania, VerfBlog, 2017/2/01, https://verfassungsblog.de/we-dont-need-no-constitution-on-a-sad-eu-membership-anniversary-in-romania/, DOI: 10.17176/20170201-170532

- *dieselbe*, New Challenges against the Judiciary in Romania, VerfBlog, 2019/2/22, https://verfassungsblog.de/new-challenges-against-the-judicia ry-in-romania/, DOI: 10.17176/20190324-210338-0
- Verschiedene Unterseiten des Internetauftritts des rumänischen Verfassungsgerichtshofes (https://www.ccr.ro)
- Pandectele Romậne (Sec. 1), Tabla de materii, 1923, I, S. 65 ff.
- verschiedene Amtsblätter von Rumänien
- verschiedene Rechtsakte Rumäniens und der EG/EU
- Judikatur des EuGH und des EGMR